지금처럼

살아도

괜찮을까?

IMASARA DAKEDO, ADLER SHINRIGAKU WO
JISSEN SHITEMITARA SUGOKATTA!
Copyright © 2024 by Kenichi KOIZUMI
All rights reserved.
First published in Japan in 2024 by Daiwashuppan, Inc.
Korean translation rights arranged with PHP Institute, Inc.
through Duran Kim Agency.

이 책의 한국어판 저작권은 듀란킴 에이전시를 통해 PHP와 독점계약한 (주)동양북스에 있습니다.
저작권법에 의하여 한국 내에서 보호를 받는 저작물이므로 무단전재와 무단복제를 금합니다.

게으른 완벽주의자를 위한 **아들러 심리학**의 정수 5가지

지금처럼 살아도 괜찮을까?

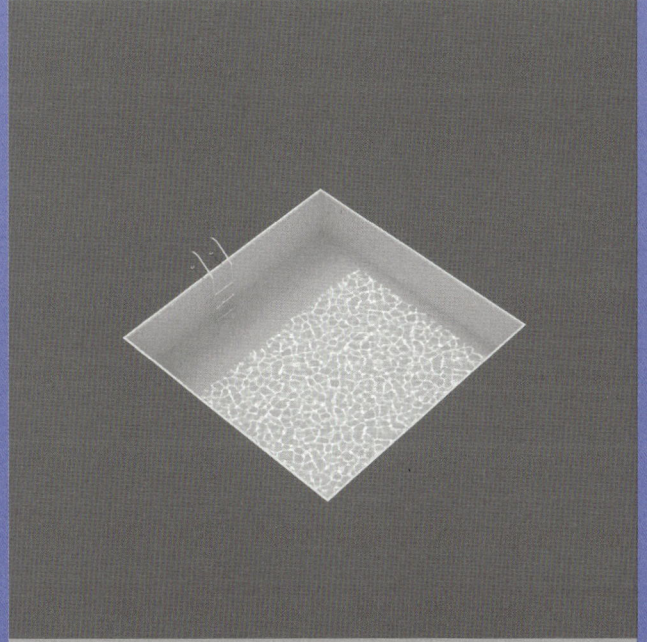

고이즈미 겐이치 지음 | 오정화 옮김

동양북스

차례

시작하며 지금 이대로 살아도 정말 괜찮을까?	10
프롤로그 인생은 본래 힘든 것이 아니다	14

××× **1장** ×××

인생을 바꿀 수 없다는 착각에서 벗어나라

《미움받을 용기》아들러 심리학이 다시 돌아왔다

행복은 꿈꾸는 것이 아니라, 지금 바로 만드는 것이다	27
모든 사고, 감정, 행동에는 목적이 있다(목적론)	29
인생은 스스로 결정할 수 있다(자기 결정성)	31
마음과 몸은 이어져 있다(전체론)	33
모든 고민은 인간관계에서 비롯된다(대인관계론)	35
자신의 기준으로 대상을 본다(인지론)	37
용기라는 씨앗으로 공동체에 꽃을 피워라	40

어려움은 용기로 극복하라(용기 부여)	40
자신과 상대의 문제를 나누어 생각하라(과제의 분리)	42
공동체 안에서 살아가라(공동체 의식)	46

××× 2장 ×××

삶의 무게중심을 자신에게 두라
첫째 달, 아들러가 삶에 걸어 들어오다

불안은 나약함이 아니라 용기의 불씨다 — 53
용기와 희망은 일직선상에 있다	54
새로운 의욕을 찾아준 코칭	57
다른 사람을 완전히 이해하겠다는 어리석은 욕심	58
나를 뒤로 미루지 마라	60
미움받을 용기가 필요한 이유	64
내 가치관이 모두에게 정답은 아니다	68

관점이 삶의 온도를 결정한다 — 70
| 세상을 해석하는 프레임을 알고 싶다면 | 73 |
| ✳ 주어가 관계의 거리를 결정한다 | 82 |

× × × **3장** × × ×

삶은 어려움을 극복하는 게임이다
둘째 달부터 셋째 달까지, 인생의 의미는 주변에 의해 정해지지 않는다

인간은 자기 인생을 그리는 화가다　　　　　　　　　87
　할 수 없다는 변명 뒤에 숨은 자기 선택　　　　　88
　지금의 결정 안에 미래가 있다　　　　　　　　　89
　행복은 삶을 책임질 때 비로소 모습을 보인다　　91
　라이프스타일의 3가지 요소　　　　　　　　　　94
　하고 싶은 일을 하는 행복　　　　　　　　　　　98

열등감이라는 돌을 디딤돌로 바꾸어라　　　　　102
　비교의 그늘 아래 자기 가치는 가려질 뿐이다　　104
　목표를 이루었을 때의 모습을 구체적으로 그려라　106
　모두에게 중요한 존재일 필요 없다　　　　　　108
　숫자는 행복의 필수 조건이 아니다　　　　　　110
＊ 가까운 주변 사람 5명의 평균이 '나'다　　　　　112

××× **4장** ×××

누구와 함께하느냐에 따라
인생의 깊이가 달라진다
넷째 달부터 여섯째 달까지, 마침내 나를 지킬 용기를 내다

곁에 둘 사람을 선택하는 것은 곧 미래를 선택하는 것이다   117
| 인간관계는 자신이 뿜어낸 에너지의 결과물이다   118
| 모든 고민은 인간관계에서 비롯된다   119
| 무심코 내뱉는 말이 인연을 바꾼다   122
| 인생의 목적이 분명한 자는 자기를 채워줄 사람을 만난다   124
| 자기를 지키는 것이야말로 가장 고귀한 용기다   126
| 타인을 바꾸려는 순간 내면의 평화는 깨진다   128

내면에 존재하는 것은 사실이 아니라 그에 대한 해석뿐이다   130
| 나에게 상처를 줄 수 있는 건 오직 나 자신뿐   133
| 신뢰는 배신의 가능성을 감내하는 용기에서 피어난다   136
| 팔로워 수는 신뢰의 증거가 아니다   139

＊ '가로의 관계'로 용기를 부여하라   142

5장

세상은 선택한 만큼만 내 것이 된다

일곱째 달부터 아홉째 달까지,
'삶'이라는 그릇에 무엇을 담을 것인가

위대함을 꿈꾸는 자보다 자신을 믿는 자가 더 강하다   147
| 용기를 내면 마침내 꿈에 가까워진다   148
| 반드시 대단한 사람이 될 필요는 없다   149
| 미래를 담보로 과거에 붙잡히지 마라   153

몸과 마음은 삶을 지탱하는 두 다리다   156
| 가치 있는 소비로 삶에 의미를 더하다   157
| 집은 행복을 위해 가꿔야 할 삶의 무대다   158
| 삶은 취미로 깊어진다   160

* 인생의 만족도를 결정하는 8가지 요소   162

× × × **6장** × × ×

삶은 말보다 행동의 힘으로 바뀐다
열째 달부터 열두째 달까지, 행복에 필요한 자격은 없다

진정한 행복은 이제 시작일 뿐   169
  '함께'의 가치를 잊지 마라   170
  그 누구도 아닌 나에게 집중해야 하는 이유   172
  '대상'이 아니라 '사람'에 주목하라   178
  누구에게나 행복을 선택할 힘이 있다   181

맺으며   인생의 방향키를 남에게 주지 마라   185
참고 도서   189

| 시작하며 |

지금 이대로 살아도 정말 괜찮을까?

"인간의 영혼은 자신을 보다 높은 곳으로 이끌고, 이를 완벽하게 만들 능력을 갖추고 있다."

알프레드 아들러는 이렇게 말했습니다. 누구나 지금보다 발전할 수 있고, 더 나은 인생을 살 수 있다고 믿었지요. 지금도 아들러의 말은 많은 사람에게 용기를 주고, 위로를 건넵니다. 저 역시 삶의 의미에 대해 고민할 때 아들러에게 용기를 얻었지요.

하지만 아직 그 용기의 힘을 경험하지 못한 사람도 많습니다. 아들러의 이름은 들어봤지만 그의 사상은 잘 모르거나, 심리학을 어렵게 느껴서 멀리한 사람도 있을 것입니다.

사실 저는 평범한 영업 사원입니다. 요즘에야 부업으로 코칭도 하고 종종 전자책도 출간하지만, 그전에는 어디서나 볼 수 있는 평범한 직장인이었습니다.

평일에는 퇴근만 기다리며 일하고, 주말에는 친구와 술을 마시거나 좋아하는 밴드의 공연을 즐기며 스트레스를 풀었지요. 그러다 보니 월급을 노는 데 몽땅 써버리기 일쑤였습니다. 당연히 독서 같은 자기계발에도 전혀 흥미가 없었지요.

이렇게 적고 보니 어쩌면 평균 이하의 생활을 했는지도 모르겠습니다…….

다행히 저는 인복이 있는 편입니다. 제 곁에는 너무나 사랑하는 아내와 소중한 친구들, 훌륭한 회사 동료들이 있습니다. 부모님, 형제들과도 사이가 매우 좋지요.

그런데도 예전에는 늘 마음 한구석이 허전했습니다. 온 힘을 다해 무언가를 성취하고 싶은 의욕이 전혀 없었지요. 하루하루 지날수록 계속 지금처럼 살아도 괜찮을지 자신이 없어졌습니다.

그랬던 저를 바꾼 것이 바로 아들러 심리학입니다. 우연히 아들러 심리학을 접하고 감명을 받은 뒤로, 관련 서적을 닥치는 대로 읽으며 실생활에 적용했지요. 그랬더니 놀라운 변화가 생겼습니다.

먼저 일하는 태도가 바뀌었습니다. 일하는 보람을 발견하고 중요한 직책을 맡게 됐지요. 더 이상 퇴근 시간만 기다리며 의욕 없이 일하지 않고, 능동적으로 일하게 됐습니다.

또한 저는 라이프코치라는 새로운 꿈을 찾았습니다. 덕분에 회사 월급 외에도 수입이 생겨 경제적으로 풍족해졌습니다.

그뿐만이 아닙니다. 저는 매일 새벽 5시에 일어나 공부하기 시작했습니다. 게다가 연간 100권 이상의 책을 읽는 다독가가 되었지요.

믿기 힘들겠지만, 단 일 년 만에 제게 일어난 변화입니다.

혹시 '아들러 심리학은 그저 이론일 뿐인데 과연 인생을 바꿔줄까?'라며 의심하고 있나요? 저는 자신 있게 말할 수 있습니다. 아들러 심리학이야말로 삶을 바꿀 확실한 방법입니다. 아들러 심리학은 실천했을 때 비로소 빛을 보는 '실용적인 심리학'이지요.

사실 저는 예전에 '과거의 경험, 성격, 가치관을 바꿀 수 없으니 미래도 바꿀 수 없다'라고 생각했습니다. 그러나 아들러 심리학의 사고방식은 달랐습니다.

"누구나 미래의 목적만 바꾼다면 언제든 달라질 수 있다."

저는 그 사고방식으로 제 삶을 바꿨을 뿐만 아니라, 코칭이나 전자책 집필, 블로그 운영에도 적용해 성과를 냈습니다. 그러자 주변에서 "어렵다고 생각했던 아들러 심리학을 드디어 이해했다", "나도 아들러 심리학을 실천해보고 싶다"라며 손을 내밀었습니다.

    내세울 만한 장점이라곤 하나도 없던 제가 이처럼 다른 사람에게 도움을 주게 된 건 모두 아들러 심리학 덕분입니다.

    인생은 언제든 바꿀 수 있습니다.

    그저 평범한 직장인이었던 저도 단 일 년 만에 바뀌었습니다. 이 책을 펼친 여러분도 충분히 할 수 있습니다.

    아들러 심리학이 어떻게 제 삶을 바꿨는지 이 책에 모두 담았습니다. 삶의 변화가 생생하게 느껴지도록, 그리고 누구나 실천할 수 있도록 세심하게 신경 썼습니다. 그러니 부디 아들러 심리학을 통해 꿈꾸던 인생의 주인공이 되길 바랍니다.

| 프롤로그 |

인생은 본래 힘든 것이 아니다

"인생이 힘든 것이 아니다. 당신이 인생을 힘들게 하는 것이다. 인생은 지극히 단순하다."

지금 행복한 인생을 살고 있나요? 아니면 고되고 힘든 하루하루를 버티는 중인가요?

아마 이 순간에도 힘들어하는 사람들이 많을 것입니다. 친구의 배신, 해고, 이별, 사업 실패, 가족 간의 갈등……. 이처럼 삶이 힘겹다고 느끼는 이유는 다양합니다. 때론 자신에게만 힘든 일이 생긴다며 세상을 원망하기도 하지요.

그러나 아들러는 인생을 힘들게 만드는 건 다름 아닌 '자기 자신'이라고 말했습니다.

물론 이 의견에 수긍할 수 없는 사람도 있겠지요. 저 역시 처음에는 받아들이기 어려웠습니다. 누구나 행복한 삶을 꿈꿀 텐데, 인생을 힘들게 만드는 게 '나'라니 말도 안 된다고 생각했지요. 그러나 아들러 심리학을 실천하고 있는 지금, 감히 말하자면 아들러의 말은 틀리지 않았습니다.

저는 원래 다른 사람의 시선을 지나치게 신경 쓰며 살았습니다. 저를 희생하면서까지 친절하게 행동했지요.

예를 들어, 학창 시절에 친구에게 부탁을 받으면, 하기 싫더라도 거절하지 않았습니다. 그리고 친구와 놀러 가면 뭐든 친구의 의견에 따랐습니다. 친구가 "네가 하고 싶은 것을 말해도 괜찮아"라고 할 정도로요.

회사에서 일할 때도 상사의 의견에 따르고, 기분을 살피는 것을 가장 중요하게 생각했습니다. 상사에게 인정받는 데에만 신경을 곤두세우고 일했지요. 그렇게 일하면 그저 '회사의 장기 말'이 될 뿐, 몸도 마음도 지쳐버리고 만다는 사실을 모른 채 말입니다.

돌이켜보면 그 시기에 저는 즐거웠지만, 일의 보람을 느끼진 못했습니다. 그렇다고 삶이 지겹진 않았습니다. 회사 동료들은 모두 좋은 사람이었고, 대화를 좋아했기에 영업 업무도 꽤 재미있었습니다.

그러나 하고 싶은 일이 없었습니다. 아니, 하고 싶은 일이 무엇인지 진지하게 고민조차 해보지 않았지요. 어쩌면 하고 싶은 일 따위 없어도 괜찮다고 생각했는지도 모릅니다.

진심으로 하고 싶은 일은
무엇인가

그러다 서른 살이 되었을 무렵, 코칭을 통해 아들러 심리학을 만났습니다.

코칭이란 클라이언트가 목표를 달성하게끔 행동의 변화를 이끌어주는 기법을 말합니다. 대화나 질문을 통해 클라이언트의 마음속 생각을 끄집어내 목표를 달성하도록 도와주지요.

당시 저는 '앞으로 수십 년간 직장 생활을 하며 사는 것이 과연 행복할까? 다른 사람이 시킨 일만 해야 할 텐데……'라는 고민에 빠져 있었습니다. 그런 미래를 상상만 해도 숨이 턱 막히는 기분이었지요. 가능하다면 돈을 받지 않아도 행복할 수 있는 무언가를 찾고 싶었습니다.

저는 다른 사람의 이야기를 듣는 것을 좋아합니다. 학창 시절에는 친구들의 고민도 제법 들어줬지요. 제 조언에 만족하는 친구도 꽤 많았습니다. 그래서 상담을 전문적으로 배워볼까 고민하다 코칭을 하는 지인과 만났습니다.

그 지인은 아들러 심리학을 바탕으로 코칭을 제공하고 있었습니다. 그것이 '아들러 심리학'과의 첫 만남입니다. 당시 저는 베스트셀러였던 《미움받을 용기》 덕분에 아들러 심리학을 들어보긴 했지만, 자세한 내용은 알지 못했습니다. 아들러가 누구인지도 몰랐지요.

호기심이 생긴 저는 곧바로 체험 강의를 들었고 깜짝 놀랐습니다. 혼자 고민할 때는 도저히 떠오르지 않았던 생각들이 마구 쏟아졌기 때문입니다.

사실 저는 처음 코칭을 받을 때 매우 수동적인 자세로 임했습니다. '코치가 알아서 이끌어주겠지……?' 하면서요. 하지만 코칭은 직접적인 조언을 하거나 고민을 해결할 답을 알려주지 않습니다. 정확히 말하면 답은 클라이언트의 내면에 있기에 코치가 알려줄 수 없습니다.

코칭은 철저히 '클라이언트가 어떻게 하고 싶은지'를 존중합니다. 그래서 "당신은 어떻게 하고 싶나요?", "만약 아무도 당신의 행동에 관여하지 않는다면 무엇을 하고 싶나요?"라고 묻습니다. 그 질문을 받았을 때의 신선한 충격이 아직도 생생합니다. 그때까지 '나는 어떻게 하고 싶은가?'를 진지하게 고민해본 적이 없었기 때문입니다.

저는 코칭을 받고 비로소 '언제든 원하는 장소에서 일하고 싶다'라는 저의 속마음을 알게 됐습니다. 동시에 지금과 같은 근무 형태로는 그 꿈을 이룰 수 없다는 사실을 깨달았지요. 일반적으로 회사는 정해진 시간에, 정해진 장소에서 일해야 하니까요. 그래서 그때부터 앞으로 어떻게 하면 좋을지 깊이 고민했습니다.

원인과 목적,
무엇에 집중할 것인가

코칭은 아들러 심리학과 통하는 점이 많습니다. 그래서 코칭에 아들러 심리학을 활용하면 더 효과적이지요. 가령 코칭에서는 '과거에 얽매이지 않고' 열린 질문을 합니다. "지금 당신은 어떻게 하고 싶나요?", "당신은 어떤 미래를 원하나요?"라고 묻지요.

아들러 심리학도 비슷합니다. 아들러 심리학의 가장 큰 특징은 '미래 사고'입니다. 이는 인간의 행동과 감정이 미래의 목적을 향해 있다는 뜻입니다. 즉, '목적론'의 관점이지요.

반면에 저명한 심리학자 지크문트 프로이트가 제창한 '원인론'은 '과거 사고'에 해당합니다. 즉, '인간의 행동이나 감정에는 반드시 원인이 있다'라고 보지요.

목적론과 원인론을 비교하면 더 쉽게 이해할 수 있습니다.

- 프레젠테이션을 하다가 실수한 적이 있다. 또다시 비슷한 일로 창피를 당하고 싶지 않기에(목적), 다른 사람 앞에서 이야기할 때면 긴장하고 만다.
- 프레젠테이션을 하다가 실수한 적이 있어서(원인), 다른 사람 앞에서 이야기할 때면 긴장하고 만다.

두 예시에서 '프레젠테이션 실수 경험'과 '긴장한다'라는 사실은 같습니다. 다만, 상황을 보는 관점이 다릅니다. 첫 번째 예시는 목적론(미래 사고)의 관점이고, 두 번째 예시는 원인론(과거 사고)의 관점이지요. 지금의 상황을 원인론으로 생각할지, 목적론으로 생각할지는 자신의 선택입니다.

앞서 말했듯, 아들러 심리학에서는 목적론을 중시합니다. 원인론은 미래를 바꿀 수 없기 때문입니다.

방금 든 예로 생각해볼까요? 원인론의 시각에서는 앞으로도 프레젠테이션을 할 때마다 긴장할 수밖에 없습니다. 과거의 실수를 없던 일로 만들 수는 없으니까요.

그러나 목적론의 관점에서는 '또다시 창피를 당하고 싶지 않다'라는 목적만 바꾸면 결과가 달라집니다. '창피를 당해도 괜찮다. 제대로 준비해서 내 실력을 모두 쏟아내자'라고 생각한다면 프레젠테이션도 더 이상 두렵지 않지요. 내 실력을 확실히 보여주는 것이 목적이니까요.

저는 이러한 아들러 심리학의 사고방식으로 인생을 바꾸었습니다.

혹시 '내 성격은 원래 이러니까', '그동안의 실적이 안 좋았으니까', '해본 적 없어서'라고 스스로 벽을 세우지는 않나요? 만약 그렇다면 이제 그런 태도는 버리세요. 목적만 바꾸면 인생은 얼마든지 달라질 수 있습니다.

목적론과 원인론

아들러의 말

인간의 행동과 감정에는 모두 목적이 있다.

원인론

| 이전에 실수해서 창피했다. | ➡ | 긴장한다. |
| 원래 낯을 많이 가린다. | ➡ | 다른 사람에게 말을 걸지 않는다. |

과거의 사건이나 자신의 성격을 '행동하고 싶지 않은 원인'으로 삼는다.

⬇

아무리 시간이 흘러도 상황은 바뀌지 않는다.

목적론

| 이전처럼 또 창피를 당하고 싶지 않다. | ➡ | 긴장한다. |
| 무리해서 다른 사람과 친해지고 싶지 않다. | ➡ | 다른 사람에게 말을 걸지 않는다. |

목적을 바꾸면 과거의 사건이나 성격의 의미를 다르게 볼 수 있다.

⬇

지금의 상황을 얼마든지 바꿀 수 있다!

1년, 아들러 심리학이
인생을 바꾼 시간

학창 시절의 저는 성적이 뛰어나지도 않았고, 특출난 장기도 없었습니다. 이력서를 쓸 때에도 내세울 장점이 없어 막막했지요.

그래서인지 "무엇을 하고 싶나요?"라는 질문을 받을 때면 바로 대답하기 어려웠습니다. '특별히 잘하는 것이 없으니 열정을 쏟고 싶은 일도 없는 게 아닐까?'라고 막연히 생각했지요.

그러나 아들러 심리학을 실천하면서 무엇을 하고 싶은지, 어떤 미래를 원하는지 확실히 깨달았습니다. 그뿐만 아니라 인간관계도 원만해지고 생활 습관도 개선되는 등 많은 변화가 생겼지요. 그 덕분에 저는 지금 인생에서 가장 즐거운 순간을 보내는 중입니다.

딱 잘라 말하겠습니다.

아들러 심리학을 실천하면 인생이 달라집니다.

이 책에는 제가 아들러 심리학을 실천하며 겪은 열두 달의 변화를 담았습니다.

제게 생긴 변화는 크게 5가지입니다. 첫 번째, 그저 처리하기 급급했던 회사 업무를 보람을 느끼며 하게 되었습니다. 두 번째, 코칭, 작가처럼 하고 싶은 일을 찾았습니다. 세 번째, 인간관계에서 오는 갈등이나 정신적인 스트레스가 대부분 사라졌습니다. 네 번째, 마음과 몸의 건강을 지키는 습관을 익혔습니다. 다섯 번째, 하고 싶은 것을 참지 않아도 될 정도의 경제적 자유를 얻었습니다.

만약 '무엇을 하고 싶은지 모르겠다', '인간관계 때문에 고민 중이다', '인생의 의미를 찾기 어렵다'라고 생각한다면, 부디 아들러 심리학을 실천해보기를 바랍니다.

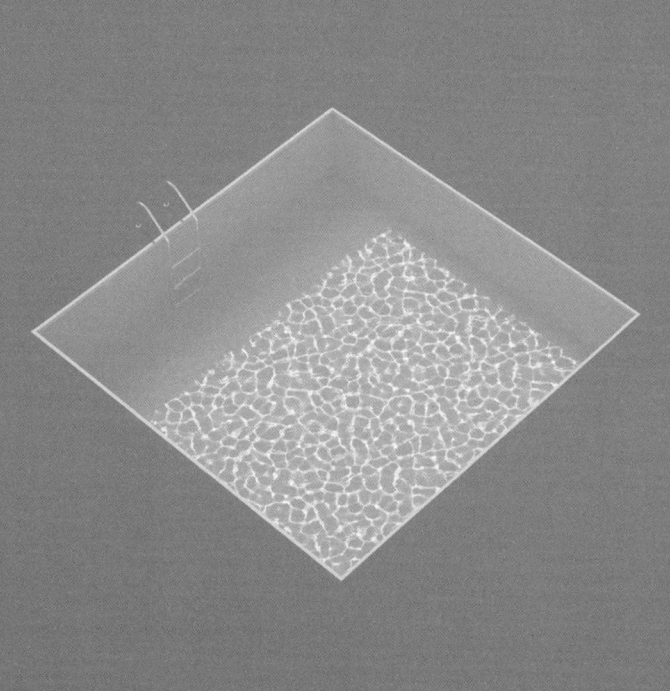

1장

인생을 바꿀 수 없다는 착각에서 벗어나라

《미움받을 용기》
아들러 심리학이 다시 돌아왔다

× × ×

인간은 자신의 인생을
그리는 화가다.

× × ×

행복은 꿈꾸는 것이 아니라, 지금 바로 만드는 것이다

개인 심리학의 창시자인 알프레드 아들러(Alfred Adler)는 지크문트 프로이트, 카를 구스타프 융과 함께 심리학의 3대 거장으로 꼽히는 인물입니다.

아들러는 20세기 초 심리학에서 중요한 역할을 한 인물이지만, 사실 그저 행복한 시기만 보내진 않았습니다. 어린 시절에는 병으로 고생했고, 심지어 동생의 죽음까지 겪었지요. 그로 인해 아들러는 일찍이 의학에 관심을 가졌고, 의사가 되기를 꿈꿨습니다. 다행히 아들러는 그 꿈을 이뤄 스물일곱 살에 병원을 개원했지요.

의사가 된 아들러는 단순히 질병을 치료하는 데에만 집중하지 않았습니다. 인간의 감정, 정신, 행복과 같은 심리적 측면에 대한 탐구에도 몰두했습니다. 그리고 이를 체계적으로 정리한 것이 '아들러 심리학'입니다.

아들러 심리학을 이해하기 위해서는 크게 5가지 개념을 알

한눈에 보는 아들러 심리학

아들러의 말

인간의 모든 고민은 인간관계에서 비롯된다. (대인관계론)

원리

- **자기 결정성**: 인생은 스스로 결정할 수 있다.
- **전체론**: 마음과 몸은 이어져 있다.
- **목적론**: 모든 사고, 감정, 행동에는 목적이 있다.
- **대인관계론**: 모든 고민은 인간관계에서 비롯된다.
- **인지론**: 자신의 기준으로 대상을 본다.
- **공동체 의식**: 자신이 공동체의 일부라고 생각한다. (최종 목표)

기법

- **과제의 분리**: 자신과 상대의 과제를 나누어 생각한다.
- **용기 부여**: 고난을 극복할 힘을 준다.

아야 합니다. 바로 목적론, 자기 결정성, 전체론, 대인관계론, 인지론입니다. 아들러 심리학의 정수라고 할 수 있지요. 그리고 공동체 의식을 갖는 게 아들러 심리학의 최종 목표입니다. 이를 위해 주로 용기 부여와 과제의 분리라는 기법을 씁니다.

아들러 심리학에서 제게 가장 유용했던 부분은 대인관계론입니다. 인간은 사회적인 동물이기에 필연적으로 다른 사람과 관계를 맺으며 살아갑니다. 그리고 그 관계 속에서 여러 문제를 겪지요. 아들러가 **"인간의 모든 고민은 인간관계에서 비롯된다"**라고 말한 이유도 이 때문입니다.

다행히 아들러 심리학의 모든 개념은 원만한 인간관계와 나다운 인생을 만드는 데 도움을 줍니다. 제가 지금 하고 싶은 일을 하며 매일 알차게 보내는 것 역시 아들러 심리학 덕분이지요. 그렇다면 이제 본격적으로 아들러 심리학 속으로 들어가 볼까요?

모든 사고, 감정, 행동에는 목적이 있다 (목적론)

아들러는 인간의 모든 사고, 감정, 행동에는 목적이 있다고 생각했습니다. 더 깊이 들어가면 사고, 감정, 행동의 끝에는 반드시 '사람'이 있다고 봤지요(이에 관하여 '대인관계론'에서 자세히 설명하겠습니다). 즉, 어떤 사람에 대해 왜 그 사고, 감정, 행동이 생겼는지 생각하는 것이 목적론입니다.

앞에서 원인론과 목적론을 비교했던 것 기억하나요? 두 이론의 우열을 가리려고 비교한 것이 아닙니다. 애초에 두 이론의 우열을 가릴 수도 없지요. 정확한 원인을 파악하는 일도 분명 중요합니다. 만약 업무의 실수 원인을 정확히 파악하지 않는다면 또다시 같은 실수를 하게 될 테니까요.

다만, 한 가지 사실을 꼭 기억해야 합니다. 실패 '원인'은 어디까지나 '목적'을 달성하기 위한 정보에 지나지 않습니다. 원인을 제대로 파악해 다음에는 실패하지 않도록 노력하는 것이 더 중요합니다.

그저 과거의 일을 후회하기만 한다면 무의미할 뿐이지요. '그때 왜 그렇게 행동했을까', '내 성격 때문에 상대에게 상처를 줬어'라며 과거에 얽매이면 한 발자국도 앞으로 나아갈 수 없습니다.

더 중요한 것은 '앞으로'입니다. 앞으로 어떻게 하고 싶은지, 무엇을 위해 행동할 것인지 고민해야 합니다. 목적론은 현재와 미래에 초점을 둡니다. 따라서 언제든 인생은 바뀔 수 있다고 보지요. 이처럼 아들러 심리학은 사람들에게 희망을 주기에 '용기의 심리학'이라고도 불립니다.

인생은 스스로
결정할 수 있다 (자기 결정성)

"인간은 자신의 인생을 그리는 화가다."

아들러는 이렇게 말했습니다. 인생은 스스로 결정할 수 있습니다. 어떤 일을 하고, 어떤 일을 안 할지 선택할 수 있지요. 이를 '자기 결정성' 혹은 '주체론'이라고 합니다.

종종 주변에서 "유학을 가고 싶은데 부모님이 반대하셔", "하고 싶은 일이 있지만, 지금 하는 일을 그만둘 수 없어", "당장 그 일을 하기엔 돈이 없어서 무리야"라며 고민하는 사람들을 보곤 합니다.

과연 정말로 그럴까요? 아들러는 이렇게 말했습니다.

"바꿀 수 없는 것이 아니다. 스스로 바꾸지 않겠다는 결단을 내린 것뿐이다."

아들러는 어떤 일을 하고 싶지 않은데 하거나, 하고 싶지만 하지 못한다는 말은 '인생의 거짓말'이라고 지적했습니다. 예를 들어, 회의 자료를 작성하고 싶지 않지만, 하지 않으면 상사에게 혼나니까 하는 사람이 있다고 해봅시다.

아들러는 그에게 "자료를 작성하고 싶지 않다면 하지 않으면 된다"라고 간결하게 말할 것입니다. 사실 '회의 자료를 작성하기 싫은 마음'보다 '상사의 꾸지람을 피하고 싶은 마음'이 더 크기에 자료를 작성한다고 보는 거지요. 즉, '하고 싶지 않지만 한다'라고 왜곡하여 생각할 뿐, 실은 하고 싶어서 한다는 뜻입니다.

아들러 심리학에 따르면, 사람은 언제든지 달라질 수 있습니다. 아들러가 성격을 '라이프스타일'이라고 부르는 이유 역시 삶의 목표와 방향에 따라 성격을 바꿀 수 있다고 생각하기 때문입니다.

혹시 '나는 원래 이런 성격이니까', '나는 소극적이고 내향적이니까', '나는 낯을 많이 가리니까'라는 핑계로 행동을 제한하고 있지는 않나요?

아들러는 성격 때문에 어떤 행동을 못 할 이유가 없다고 말했습니다. 누구나 성격을 바꿀 수 있기 때문이지요.

아들러에 따르면, 성격은 다섯 살 정도까지 형성되어 대체로 열 살에 완성됩니다. 즉, 과거의 경험으로 얻은 사고와 감정이 가치관을 형성하고, 지금의 모습으로 자리 잡은 것입니다. 다시 말해 지금까지의 '경향'일 뿐이지요. **그렇기에 꿈꾸는 미래에 맞게 지금 자신의 행동을 바꾸고 다양한 경험을 한다면 성격(라이프스타일)도 충분히 바꿀 수 있습니다.**

마음과 몸은
이어져 있다(전체론)

"사람의 몸과 마음은 분리할 수 없는 하나의 통합체다."

이것이 아들러가 말한 전체론입니다.

방금 "하고 싶지 않은데 한다는 말은 거짓말"이라고 했지요. 이것은 전체론의 사고방식이기도 합니다. 언뜻 보기에 하고 싶지 않다는 '마음'과 행동하는 '몸'은 모순처럼 느껴집니다. 그러나 아들러가 말했듯, 속마음을 들여다보면 사실 하고 싶은 마음에 행동하는 것이지요. 다시 말해 몸과 마음은 이어져 있다는 뜻입니다.

혹시 멈추고 싶어도 그만둘 수 없는 일도 있지 않나요? 살을 빼고 싶지만 군것질을 끊을 수 없다거나, 금연하고 싶지만 밥을 먹고 나도 모르게 담배를 피는 것처럼 말입니다. 그 이유 역시 깊이 들여다보면 '그만두고 싶지 않다'라는 생각이 자리 잡고 있습니다.

살을 빼고 싶지만 계속 군것질하는 경우를 예로 들어볼까요? 사실 그 안에는 다른 마음이 숨어 있습니다. 가령 '주변에서 통통해서 귀엽다고 말해주고, 운동하기는 귀찮고, 심지어 헬스장을 등록하는 데 돈이 드니 살을 빼고 싶지 않다. 그냥 맛

있는 음식을 마음껏 먹고 싶다'와 같은 마음이지요.

꼭 기억하세요. 인간의 마음과 몸, 의식과 무의식은 서로 모순되지 않습니다. 하나의 목적을 향해 함께 나아가지요.

아들러 심리학은 '개인 심리학(Individual Psychology)'이라고도 합니다. '개인'을 뜻하는 'individual'은 '하나의 통합된 존재로서의 개인'을 뜻하는 셈입니다.

아들러는 이렇게 말했습니다.

"사람은 전체적인 득과 실을 고려해, 자신의 목적을 위해 선택하고 행동한다."

저 역시 코칭을 하면서 클라이언트의 고민을 들을 때 항상 전체론을 의식합니다. 어떠한 고민이라도 깊이 파고들면 그 사람의 가치관과 라이프스타일로 연결되는 경우가 많기 때문입니다.

예를 들어, 직장 내 인간관계나 부모님과의 갈등, 돈에 대한 고민은 모두 제각각인 듯 보이지만, 그 바탕에 깔린 생각은 비슷한 경우가 많습니다. 의식과 무의식, 행동과 감정은 모두 하나의 목적을 향하니까요. 그 목적이 무엇인지 파악하면 고민을 해결할 빠른 길을 찾을 수 있습니다.

모든 고민은
인간관계에서 비롯된다 (대인관계론)

혹시 이런 말 들어봤나요?

"인간의 모든 고민은 인간관계에서 비롯된다. 사고, 감정, 행동에는 상대역이 있다."

아마 아들러 심리학을 들어본 사람에게는 익숙한 말일 것입니다. 이러한 시각이 '대인관계론'입니다.

인간은 대인관계에 따라 목적과 행동이 바뀝니다. 그래서 다른 사람과의 관계를 잘 관찰하면 그 사람의 라이프스타일을 이해할 수 있습니다.

대인관계론을 쉽게 이해할 수 있는 아들러의 일화를 소개하겠습니다.

어느 날, 두통을 호소하는 환자가 아들러를 찾아왔습니다. 아들러는 그에게 "결혼 생활은 만족스럽나요?"라고 물었지요. 진료 도중 뜬금없는 질문을 받은 환자는 당연히 화를 냈습니다. 그런데 알고 보니 실제로 그 환자와 배우자의 사이는 좋지 않았다고 합니다.

아들러는 이처럼 질병도 대인관계의 영향을 받는다고 생각했습니다. 한 사람을 둘러싼 사회(가족, 회사, 친구, 이웃과의 관계 등)의 상황이 서로 영향을 주고받으며, 지금의 그 사람을 이룬다고 생각했지요. 엉뚱하다고 생각한 아들러의 질문이 실은 의미 있는 질문이었던 것입니다.

또한 자아를 찾고 싶을 때도 대인관계를 들여다봐야 합니다. 사람은 다른 사람과 관계를 맺으며 자아를 형성하기 때문입니다. 따라서 그동안의 가족 관계, 친구 관계, 직장에서의 인간관계 등을 두루 살펴보면 '나는 누구인가'를 파악할 수 있지요.

인간은 혼자서 살아갈 수 없습니다. 아주 오랜 옛날부터 인간은 무리를 지어 살았지요. 문명이 발달한 지금도 마찬가지입니다. 요즘 부쩍 1인 가구가 늘어나는 추세라고 하더라도 다른 사람과의 관계를 완전히 끊은 채 살긴 힘듭니다. 심지어 은둔형 외톨이조차 인연의 흔적을 마음에 지닌 채 살아가지요.

인간의 행동이나 감정은 모두 타인과의 관계 속에서 생기는 것입니다. '일이 잘 풀리지 않아 속상하다'처럼 타인과 관계 없어 보이는 고민이라 할지라도, 그 이면을 자세히 들여다보면 '가족에 대한 미안함'이나 '사회에서의 체면' 등 다른 사람과의 연결 고리가 보입니다. 그러니 고민이 생겼을 때는 '이 감정 끝에는 누가 있을까?'라고 생각해보세요. 그러면 마음을 가볍게 만들 길이 보일 것입니다.

자신의 기준으로 대상을 본다 (인지론)

"분홍색 렌즈의 안경을 낀 사람은 세상이 분홍색이라고 착각한다."

아들러는 이렇게 말했습니다. 이때 '분홍색 렌즈의 안경'이란 세상을 보는 각자의 창을 뜻합니다. 사람은 모두 자기만의 안경을 통해 세상을 봅니다. 즉, 각자 보고 싶은 대로 세상을 본다는 의미지요. 이를 '인지론'이라고 합니다.

아들러에게 큰 영향을 준 인물 중에 한스 바이힝거(Hans Vaihinger)라는 독일 철학자가 있습니다. 그는 《'흡사 그와 같이'의 철학(The Philosophy of 'As if')》이라는 저서를 남겼지요. 이 책에 영향을 받은 아들러는 자신의 심리학을 '흡사 그와 같은 심리학'이라고 부르기도 했습니다.

그렇다면 '흡사 그와 같이'란 무슨 의미일까요? 여기에는 아주 심오한 뜻이 담겨 있습니다. **'인간은 반드시 사실을 보는 것이 아니라, 자신의 사고와 감정, 가치관을 통해 의미를 부여한다'**라는 뜻입니다. 즉, 사람에 따라 세상을 느끼고 해석하는 방법이 모두 다르다는 의미입니다. 같은 일을 겪어도 각자 받아들이는 게 다른 이유도 이 때문입니다.

철학자 니체도 "사실은 존재하지 않는다. 존재하는 것은 해석뿐이다"라고 말했습니다. 아들러의 인지론도 이와 같은 시각입니다. 인지론 역시 인간은 라이프스타일(성격, 그동안의 경험)을 바탕으로 지금 일어나는 일을 해석한다고 봅니다.

예를 들어, 칭찬을 많이 못 받고 자라서 자존감이 낮은 사람은 어떤 일이든 부정적으로 생각하기 쉽고, 반면에 낙천적인 가정에서 자란 사람은 어떤 일이든 긍정적으로 받아들일 것입니다. 또 다른 사람에게 상처를 많이 받았던 사람은 '인간은 냉정하다'라고 생각할지도 모릅니다.

이처럼 사람은 그동안의 경험을 바탕으로 세상을 해석하고 이해합니다.

경영의 신이라고 불리는 마쓰시타 전기산업(현재의 파나소닉)의 창업자인 마쓰시타 고노스케는 채용 면접에서 "당신은 운이 좋습니까?"라는 질문을 했다고 합니다. 왜 면접자에게 이런 질문을 했을까요?

'운'은 태어날 때부터 이미 정해져 있다고 믿는 사람이 많습니다. 그러나 사실 운이 좋은지 나쁜지는 자신의 해석에 달렸습니다. 고노스케 역시 그렇게 생각했습니다. 그는 역경에 처했을 때, '이 과정을 통해 배울 게 많을 거야. 난 참 운이 좋다'라고 생각할 수 있는지를 중요하게 생각했습니다. 무엇이든 긍정적으로 받아들이면 힘든 순간도 얼마든지 극복할 수 있기 때문입니다.

아들러는 객관적 사실보다 어떻게 인식하는지를 더 중요하게 생각했습니다. 인지론은 인생을 편하게 살아가기 위해 꼭 알아야 할 개념이지요. '나는 어떻게 인지하고 있는가?'를 생각함으로써 고민이 해결되는 경우가 많습니다.

지금까지 아들러 심리학의 핵심인 목적론, 자기 결정성, 전체론, 대인관계론, 인지론에 관해 간단히 알아보았습니다. 이제 '용기 부여', '과제의 분리' 그리고 '공동체 의식'이라는 개념에 관해 살펴보겠습니다.

용기라는 씨앗으로
공동체에 꽃을 피워라

아들러 심리학은 '용기의 심리학'이라고도 불립니다. 아들러는 용기를 내면 환경이나 과거에 얽매이지 않고 삶의 방향을 스스로 선택할 수 있다고 보았습니다. 그래서 '용기 부여'를 매우 중요하게 생각했지요.

지금부터 살펴볼 '용기 부여', '과제의 분리', '공동체 의식'은 모두 아들러가 강조한 핵심 개념입니다. 개인이 용기를 가지고 삶을 선택하도록 도와주지요. 하나씩 살펴볼까요?

어려움은 용기로
극복하라 (용기 부여)

아들러 심리학의 목적론에 따르면, 사람은 누구나 자신의 목적을 위해 행동하려고 합니다. 가령 가족들에게 인정받고 싶어서 출세하려는 사람도 있고, 자신감을 키우고 싶어서 자격증을 준비하는 사람도 있지요.

그런데 목적에 따라 행동하다 보면 힘든 상황에 부딪히곤 합니다. 그 순간을 헤쳐 나갈 열쇠가 바로 '용기'입니다. 그래서 스스로에게 용기를 북돋울 줄 알아야 하지요. 더 나아가 다른 사람에게도 용기를 줄 수 있다면 신뢰가 쌓여 좋은 인간관계를 구축할 수 있습니다.

예전에 일이 생각만큼 잘 풀리지 않았던 때가 있었습니다. 저는 제게 용기를 주지 못하고 그저 좌절하고만 있었지요. 그런 저를 다시 일으켜준 것은 다름 아닌 상사의 말이었습니다.

사실 특별한 말은 아니었습니다. "자네에게 이 일을 맡기길 잘했네"라는 가벼운 말이었지요. 상사의 한마디는 거창하지도, 미사여구가 잔뜩 붙지도 않았습니다. 그런데도 저는 다시 도전할 의욕이 샘솟았습니다. 만약 평소에 "이런 성과를 내다니, 잘했어"나 "대단해"처럼 결과로 칭찬받았다면, 원했던 결과를 얻지 못했을 때 '나는 형편없는 인간이구나'라며 자기 부정을 했을지 모릅니다.

하지만 상사는 언제나 제 일의 결과가 아니라 과정을 봐주었습니다. 그렇기에 상사의 말을 듣고 '다음에는 더 좋은 결과를 얻도록 열심히 해야지'라고 힘을 낼 수 있었지요.

용기는 무모함도, 용맹함도 아닙니다. '나는 할 수 있다'라는 믿음을 가지고 여러 문제를 극복해 목적을 달성하려는 힘입니다.

더 나아가 자신의 일을 스스로 결정하고 행동하며, 그 결과에 스스로 책임지는 것 역시 용기라고 할 수 있습니다. 용기가 마음속에 깊이 뿌리내리면, 어떤 어려움이 닥쳐도 극복할 수 있지요.

다른 사람에게 용기를 북돋아 줄 때도 마찬가지입니다. 그땐 상대방을 있는 그대로 존중해야 합니다. 그러고 나서 "그동안 최선을 다해 준비했으니 괜찮을 거야"라는 말과 함께, 상대에게 '너라면 할 수 있어'라는 마음을 전하는 것. 이 작은 행동이 상대방에게 용기를 주며 돈독한 관계를 쌓게 만듭니다.

이제 아들러 심리학이 왜 '용기의 심리학'이라고 불리는지 이해되지 않나요? 혹시 용기가 부족한 사람이라면, 지금 이 순간 마음속에 용기라는 씨앗을 심기를 바랍니다.

자신과 상대의 문제를 나누어 생각하라(과제의 분리)

'과제의 분리'란, 어떤 문제에 대해 '자신의 것'인지 '다른 사람의 것'인지를 분리하여 생각하는 태도를 말합니다. 한마디로 자신과 상대의 과제를 나누는 사고방식입니다.

과제의 분리를 제대로 하지 않으면 인간관계로 고민하게 되는 경우가 많습니다.

예를 들어, 내 일을 멋대로 진행시키려는 사람에게 짜증이 나거나, 때론 내가 다른 사람의 일에 감 놔라 배 놔라 하다가 상대에게 미움을 사기도 하지요.

저도 예전에는 과제의 분리를 제대로 하지 못했습니다. 몇 년 전 다니던 직장에 설렁설렁 일하며 게으름을 피우는 사람이 있었습니다. 그런 사람이 월급을 받는다는 사실에 매우 짜증 났었지요. 그런데 돌이켜보면 제가 과제의 분리를 하지 않았던 것이었습니다.

열심히 일할지, 대충 일할지는 그 사람에게 달려 있습니다. 제가 개입할 수 없는 문제이지요. 전 그저 제 업무에 집중하면 되었던 것입니다.

인간관계를 좋게 만드는 비결은 '상대의 일에 개입하지 않고 자신의 과제에만 집중'하는 데 있습니다. 아들러 심리학을 배우고 깨달은 사실이지요.

참고로 저는 심리학을 공부할 때, 그 뿌리가 철학에 있다고 생각하여 철학책도 열심히 읽었습니다. 특히 기원전에 창시된 '스토아 철학'은 아들러 심리학과 매우 비슷한 사고방식을 가지고 있지요.

대표적인 두 가지를 소개하면 다음과 같습니다.

먼저 첫 번째, 스토아 철학은 자신이 바꿀 수 있는 것에 집중합니다. 이는 과제의 분리와 같습니다.

두 번째, 스토아 철학은 우주의 질서나 법칙에 따라 자연을 거스르지 않고 살아가면 행복해질 수 있다고 말합니다. 이는 '공동체 의식'과 유사한 측면이 있습니다.

이처럼 철학도 함께 공부하면 아들러 심리학을 더욱 깊이 받아들일 수 있습니다.

다시 본론으로 돌아와서, 과제의 분리를 실천할 때 한 가지 주의해야 할 점이 있습니다. 과제의 분리는 자기중심적으로 행동하란 말도, 상대를 못 본 척하라는 말도 아니라는 점입니다.

예를 들어, '내가 하고 싶은 일인데, 상대의 기분이 상하면 좀 어때'라며 안하무인으로 행동하거나 '이 사람이 하는 일이 나에게 피해를 주지만, 상대의 과제니까 어쩔 수 없어'라는 태도를 보이라는 뜻이 아닙니다.

자신과 타인 모두에게 공통의 과제가 되는 세 가지 상황이 있습니다. 하나씩 살펴볼까요?

첫 번째 상황은 다른 사람에게 부탁받았을 때입니다. 상대의 부탁을 승낙하는 순간, 그 일은 나의 과제도 됩니다(단, 도와준다는 이유로 나의 의견을 강요만 해서는 안 됩니다). 나와 타인이

하나의 목적을 향해 나아가니까요.

두 번째 상황은 다른 사람의 행동으로 자신이 피해를 받을 때(그 반대도 마찬가지)입니다. 이때는 확실하게 의견을 전해야 합니다.

예를 들어, 친구의 고민을 듣고 "그건 네가 잘못했다고 생각해"라고 솔직하게 말했더니 친구가 화를 냈다고 가정합시다. 이때 '내가 상처를 준 걸까? 이제 나를 싫어할까?'라며 걱정할지도 모르지만, 나를 어떻게 생각할지는 상대가 결정하는 것입니다. 내가 아무리 고민해도 답을 알 수 없습니다. 그러나 그 걱정에 밤잠까지 설친다면, 그것은 자신의 과제이기도 하므로 친구에게 마음을 확인해볼 필요가 있습니다.

마지막으로 세 번째는 다른 사람의 인생에 큰 영향을 끼칠 때입니다. 만약 친구가 범죄에 손을 대 나의 인생에 막대한 영향을 미칠 것 같다면 주저하지 말고 개입해야 합니다.

반드시 기억하세요. 과제의 분리는 자기중심적으로 행동하거나 다른 사람을 무조건 이해하는 것이 아닙니다.

다른 사람의 행동이나 감정 등 통제할 수 없는 것에 개입해서는 안 됩니다. 하지만 상대와 자신의 공통 과제라면 무리하게 과제를 분리하지 않는 편이 좋습니다. 그러니 과제에 부딪혔을 때, 우선 그것이 자신의 과제인지 다른 사람의 과제인지, 아니면 공통의 과제인지 생각해보세요.

공동체 안에서
살아가라 (공동체 의식)

갑자기 '공동체'라는 단어가 등장해 당황했나요? 혼밥, 혼술처럼 무엇이든 혼자 하는 걸 즐기는 사람이 많아진 요즘, 어쩌면 공동체에 대한 감각을 잊고 사는지도 모릅니다. 그런데 아들러는 이렇게 생각했습니다.

"사람이 행복해질 유일한 방법은 다른 사람에게 공헌하는 것이다."

'공동체 의식'은 아들러 심리학의 중추를 담당하는 사상으로, 아들러가 '인류의 최종 목표'라고 표현할 정도로 중요하게 생각한 개념입니다. '인류'라는 단어가 등장해 막연하게 생각하는 사람이 있을지도 모르겠네요.

아들러는 군의관 시절 '왜 사람은 서로 죽여야만 할까?'라고 고민하며 사람이 행복해질 수 있는 방법을 찾고 싶어 했습니다. 그리고 고민 끝에 찾은 답이 공동체 의식입니다. 저는 아들러의 생각에 깊이 공감하며, 공동체 의식이야말로 행복해지는 비결이라고 생각합니다.

공동체 의식이란 '나는 내가 속한 커뮤니티의 일부이며, 그 안에서 살아가고 있다'라는 인식을 말합니다. 더 나아가, '나뿐만 아니라 커뮤니티를 위해 공헌하자'라는 마음가짐이기도 합니다.

그렇다면 공동체 의식이 중요한 이유는 무엇일까요?

답은 간단합니다. 인간은 사회 속에서 다른 사람과 관계를 맺으며 살아가는 존재이기 때문입니다. 그 누구와도 관계를 맺지 않고 살아가기란 불가능하지요.

그러나 한편으로는 커뮤니티에서 느낀 소외감 때문에 슬픈 사건들이 생기기도 합니다. 학교에서 괴롭힘을 당해 마음의 문을 닫거나, 유년 시절 가족에게 사랑받지 못했던 사람이 나쁜 길로 들어서는 것처럼 말이지요.

그렇기에 인간에게는 공동체 의식이 꼭 필요합니다. 이때 중요한 것은 자신의 이익뿐만 아니라 다른 사람, 나아가 사회의 이익을 위해 행동하고, 그를 통해 동료 의식과 소속감을 얻는 것입니다.

아들러는 "공동체 의식을 얻으면 모든 어려움으로부터 해방될 수 있다"라고 말했습니다. 공동체 의식을 얼마나 중요하게 여겼는지 알 수 있는 대목입니다.

공동체 의식을 얻기 위해서는 네 가지가 필요합니다. '자기 수용', '타인 신뢰', '타인 공헌', '소속감'이지요. 하나씩 살펴볼까요?

자기 수용

자기 수용이란 '자신을 있는 그대로 받아들이는 태도'를 말합니다. 자신의 장단점을 모두 수용하는 태도지요. 자신을 온전히 존중하지 못하는 사람은 다른 사람도 있는 그대로 받아들이지 못합니다. 즉, 공동체 의식은 다른 사람과의 관계를 위한 것이므로, 자기 수용을 해야만 얻을 수 있지요. 저는 공동체 의식을 얻기 위해 가장 먼저 갖춰야 하는 태도가 바로 자기 수용이라고 생각합니다.

타인 신뢰

타인 신뢰는 '다른 사람을 믿고 협력적 관계를 맺는 것'을 말합니다. 다시 말해 '내 주위에 있는 사람은 나의 동료다'라는 인식입니다.

주위 사람을 동료로 인식하기 위해서는 타인을 있는 그대로 받아들이는 태도가 중요합니다. 자기 수용이 가능하면, 자연스럽게 주위 사람들을 있는 그대로 받아들이고 존중하게 되어 동료 의식이 샘솟습니다. 그러면 다른 사람들과 안정적인 관계를 맺을 수 있습니다.

혹시 '주위에는 온통 적뿐이다'라고 생각하나요? 만약 그렇다면 우선 그렇게 판단하는 이유를 찾아보세요. 어쩌면 자신의 내면에서 그 답을 찾을지도 모릅니다.

타인 공헌

타인 공헌은 있는 그대로의 자신을 받아들이고(자기 수용), 주변 사람과 동료 의식이 생기면(타인 신뢰) 얻을 수 있는 감각입니다. 자신을 채웠을 때 생기는 '동료에게 도움을 주고 싶다'라는 마음이 바로 타인 공헌이지요. 다른 사람이나 사회에 공헌하고 싶다는 마음이 행복감을 안겨줄 것입니다.

소속감

자기 수용, 타인 신뢰, 타인 공헌의 마음을 키우면 '이 커뮤니티에 속해서 좋다'라는 소속감이 생깁니다. 이때 비로소 공동체 의식을 얻을 수 있습니다.

지금까지 아들러 심리학을 살펴봤습니다. 개념만 들으니 어렵게 느껴지나요? 그렇더라도 걱정하지 마세요.

다음 장부터는 아들러 심리학을 실천한 뒤 제 삶이 어떻게 바뀌었는지 소개하겠습니다. 제 이야기를 듣고 나면 아들러 심리학의 힘을 느끼게 될 것입니다.

2장

삶의 무게중심을 자신에게 두라

첫째 달,
아들러가 삶에 걸어 들어오다

✕ ✕ ✕

바꿀 수 없는 것이 아니다.
스스로 바꾸지 않겠다는 결단을 내린 것뿐이다.

✕ ✕ ✕

불안은 나약함이 아니라 용기의 불씨다

첫째 달의 상황
- 평일엔 그저 일만 하고, 주말엔 스트레스를 해소하며 보내다 문득 '지금처럼 살아도 괜찮을까?' 고민에 빠졌다.
- 다른 사람의 시선이 신경 쓰여서 하고 싶은 것을 솔직하게 말하지 못했다.
- 딱히 하고 싶은 일도 없고, 삶의 만족감도 낮았다.

'지금 이대로 살아도 괜찮을까?'

저는 서른 살을 앞두고 인생에 대한 깊은 고민에 빠졌습니다. 이십 대가 끝나가니 미래에 대한 막연한 불안감이 저를 덮쳤지요.

그전까지 제 삶은 평온했습니다. 부족함 없이 대학을 다녔고, 가족 관계나 친구 관계도 원만하여 매일매일 즐거운 나날을 보냈습니다. 대학 졸업 후에는 회사에 들어가 큰 실수 없이 일을 처리하며 평범한 직장인의 삶을 살았지요.

그렇게 직장인으로 산 지 어느덧 7년.

직장 동료들은 모두 좋은 사람들이었고, 가족이나 친구와도 여전히 즐겁게 지냈습니다. 그러나 마음 한구석이 계속 채워지지 않았습니다. 아마 '목적'을 가지고 행동한 적이 없었기 때문이겠지요. 그때까지 저는 친구와 놀고 싶으면 놀고, 옷을 사고 싶으면 사면서 그때그때 하고 싶은 일만 했습니다.

그런 제 생활의 문제점을 깨닫게 된 것은 아들러 심리학을 만나고 난 이후였습니다.

용기와 희망은
일직선상에 있다

서른을 앞둔 저는 문득 이런 생각이 들었습니다.

'지금 이대로 살아도 괜찮을까? 앞으로 몇십 년이나 회사에 다니면서 특별히 하고 싶은 일도 없이……. 아니, 그런 삶이 좋을 리 없어!'

그러자 제 삶에 변화를 줘야겠다는 의욕이 샘솟았습니다. 그즈음 네팔에 갔던 경험도 인생을 돌아보게 만들었습니다. 아들러 심리학과도 연결되니 간단히 이야기해보겠습니다.

고등학교 시절부터 친했던 친구가 당시 네팔에서 청년 해외 협력단으로 일하고 있었습니다. 그때 저는 딱히 하고 싶은 일도 없었고, 네팔에 가본 적도 없었기에 호기심을 안고 네팔행 비행기에 올랐습니다(망설임 없이 새로운 세계로 향했던 그때 저의 행동력을 칭찬하고 싶습니다).

그렇게 가볍게 떠난 네팔에서 저는 큰 깨달음을 얻었습니다. 제게 영향을 준 건 두 가지입니다.

첫 번째, 청년 해외 협력단으로 일하고 있던 친구의 태도입니다. 원래 그 친구는 저와 마찬가지로 대학을 졸업하고 평범한 직장인으로 살았습니다. 하지만 그는 일하며 보람을 느끼지 못해 방황의 시기를 보냈지요. 그러다가 코칭을 받고 정말 하고 싶은 일을 찾았습니다. 그래서 고민 없이 회사를 관두고 청년 해외 협력단으로 일하기 위해 네팔로 갔지요. 대단히 용기 있는 선택이었습니다.

'코칭이 뭐길래 하고 싶은 일을 찾은 거지?'

저는 친구와 그 시절을 회상하며 처음으로 '코칭'이 궁금해졌습니다. 비록 청년 해외 협력단으로 일하면서 직장인 시절보다 소득은 줄었지만 친구는 더 행복해 보였습니다. 제 눈에는 친구가 반짝반짝 빛나 보였지요. 시간이 지난 지금도 친구의 반짝이던 모습이 또렷하게 기억납니다.

진심으로 행복해하는 친구를 보자, 그 어떤 일렁임도 없던 제 마음속에 무언가가 들끓는 느낌이 들었습니다. '나도 무언가를 하고 싶어'라는 의욕이 생겼지요.

제게 깨달음을 준 두 번째 요소는 네팔 아이들의 모습입니다. 아시아에서 최빈국에 속하는 네팔은 뜨거운 물도 나오지 않고, 전력 공급도 원활하지 않아 자주 정전되곤 했습니다(적어도 당시 제가 방문한 마을에서는요).

네팔의 수도 카트만두는 생활 기반망 정비에 힘쓰고 있어 비교적 괜찮은 편이었지만, 교외나 시골 마을은 열악했습니다. 친구는 교외의 한 마을에서 봉사 활동을 하고 있었기에, 저 역시 그 마을에서 머물렀지요.

그런데 그곳에서 만난 아이들의 모습이 매우 인상적이었습니다. 비록 생활은 어려울지 모르지만, 초롱초롱한 눈빛을 지니고 있었습니다. "나중에 커서 축구선수가 될 거야", "학교에서 마음껏 공부하고 싶어"라며 꿈을 말하는 아이들의 모습은 눈부셨지요.

순수하게 꿈을 말하는 아이들의 모습과 하고 싶은 일이 없다며 한탄하는 저의 모습이 대조되어 조금 충격을 받았습니다. 그리고 동시에 아이들이 무척 부러웠습니다.

'나도 간절한 꿈을 찾아야지.'

저는 아이들을 보며 그렇게 결심했습니다.

새로운 의욕을
찾아준 코칭

귀국하고 얼마 후, 또 다른 친구의 소개로 코칭을 하는 분을 알게 되었습니다. 네팔에서 만난 친구의 삶을 바꾼 코칭. 짧은 기간에 잇달아 코칭이라는 단어를 들으니 저의 궁금증은 커졌습니다.

저는 곧장 코칭에 대해 찾아봤습니다. 그리고 코칭이 '자신의 진정한 마음과 마주하고 내면의 생각을 끌어내는 활동', '목표를 달성하고 성장하기 위해 코치와 소통하는 활동'임을 알게 되었습니다. 하고 싶은 일을 찾고 있던 저에게 딱 필요한 활동이었지요.

저는 곧바로 친구에게 소개받은 코치의 체험 강의를 신청했습니다. 그분이 제공했던 것이 바로 '아들러 심리학을 바탕으로 한 코칭'이었습니다.

하지만 첫 강의를 듣고 하고 싶은 일을 찾진 못했습니다. 다만, 그동안 몰랐던 '언제든 원하는 장소에서 일하고 싶다'라는 생각이 점점 또렷해져 깜짝 놀랐습니다.

코칭의 목적은 클라이언트의 생각을 끌어내 행동을 촉구하는 것입니다. 그래서 "당신은 어떻게 하고 싶나요?", "그것에 대해 조금 더 구체적으로 말해줄래요?"라고 질문하며 점점 클라이언트의 마음 깊은 곳까지 파고듭니다.

사실 저는 이전까지 제 마음을 깊이 들여다본 적이 없었습니다. 그래서 코칭을 받은 경험은 매우 새로웠고, 코칭에 흥미가 생겼습니다. 그와 동시에 아들러 심리학에 이끌려 공부를 시작했지요.

다른 사람을 완전히 이해하겠다는 어리석은 욕심

그 후, 저는 아들러 심리학에 완전히 매료되었습니다. 아들러 심리학은 '사람은 언제라도 바뀔 수 있다'라며 용기를 주었기 때문입니다. 이십 대를 무의미하게 보낸 저에게는 용기가 절실했습니다.

부끄럽지만 사실 저는 '이제 서른인데 자기계발을 한다고 달라지겠어?'라고 생각했었습니다. 어리석은 생각이었지요. 그런데 아들러 심리학을 접하고 '사람은 언제든 바뀔 수 있구나'라며 용기를 얻었습니다.

아들러 심리학을 공부하며 가장 먼저 실천한 개념은 '과제의 분리'였습니다. 그 개념을 처음 접했을 때 저는 굉장한 충격을 받았습니다.

앞서 말했듯 과제의 분리란, 어떤 대상에 대해 '자신의 과제'인지 '타인의 과제'인지 분리해서 생각하는 것을 말합니다.

인간관계에 관한 고민은 대개 과제의 분리를 제대로 하지 않았을 때 나타납니다. 혹시 '잔꾀를 부리는 동료 때문에 화난다', '이 사람은 왜 내 문자를 읽고 무시할까?' 같은 생각들로 고민한 적 있나요?

이런 생각들은 모두 다른 사람의 과제에 발을 들여 고민하는 것과 같습니다. 애초에 다른 사람의 과제는 통제할 수 없습니다. 즉, 상대가 어떻게 행동할지, 어떤 감정을 느낄지는 내 뜻대로 할 수 없는 일이지요.

저도 한때 '저 사람은 왜 저런 행동을 할까?', '그 사람의 행동을 이해할 수 없어'라며 스트레스를 받곤 했습니다. 하지만 과제의 분리를 알게 된 후, 저는 상대방을 통제할 수도, 완전히 이해할 수도 없다는 사실을 깨달았습니다.

사람마다 가치관이 다릅니다. 그래서 다른 사람을 완전히 이해하기란 불가능하지요. 어쩌면 사람이 대화하는 능력을 지닌 이유는 이 때문 아닐까요? 상대를 끝까지 이해할 수 없더라도 서로를 위해 노력하기 위해서 말입니다.

저는 과제의 분리를 실천하며 인간관계에서의 태도를 바꿨습니다. 상대방 때문에 부정적인 마음이 들면, 그것이 제 과제인지 상대방의 과제인지를 먼저 생각했지요.

물론 사람이기에 차오르는 짜증을 단번에 누를 수는 없습니다. 다만 부정적인 감정이 드는 순간, 그 마음을 상대에게 날카로운 말로 쏟아내는 일만은 피하려고 합니다. 상대에게 감정을 모조리 쏟아내면, 싸움으로 발전해 관계가 틀어지기 때문입니다.

다행히 과제의 분리를 실천하고 나서 다른 사람에게 짜증을 느끼는 일이 거의 사라졌습니다.

나를 뒤로
미루지 마라

저는 무엇보다 하고 싶은 말을 하기 위해 노력했습니다.

사실 예전의 저는 '타인 축'을 가진 사람이었습니다. 제가 하고 싶은 일이나 하고 싶은 말은 미뤄둔 채, 다른 사람이 하고 싶은 것을 최우선으로 여겼지요.

'타인 축으로 산다'라는 말은 곧 자기 행동의 결정권자가 타인이라는 의미입니다. 이해하기 쉽게 아기로 예를 들어보겠습니다. 갓 태어난 아기는 타인 축으로 살지 않습니다. 배가 고프면 엄마가 바쁘더라도 울고, 놀고 싶으면 주변 상황이 어떻든 마음대로 놀려고 합니다.

이처럼 어렸을 때는 누구나 하고 싶은 대로 하며 '자기 축'으로 살았을 것입니다. 하지만 크면서 다른 사람과 관계를 맺고 주위 사람을 신경 쓰기 시작하고, 타인을 기쁘게 만들려다 보니 타인 축에 익숙해진 것이지요.

다른 사람을 의식하는 행동이 나쁘다는 말은 결코 아닙니다. 그 행동으로 타인을 배려할 수도 있으니까요. 하지만 '다른 사람에게 좋은 평가받는 것'을 삶의 보람으로 삼으면 '반드시 다른 사람에게 좋은 평가를 받아야만 한다'라는 그릇된 인식이 자리 잡고 맙니다.

가령 칭찬을 삶의 원동력으로 삼는 사람이 있다고 해봅시다. 이전 직장에서 칭찬을 받으며 활기차게 생활했다고 가정해보지요. 만약 이직한 뒤 직장에서 칭찬받지 못한다면 그는 살아갈 원동력을 잃게 됩니다. 이처럼 다른 사람의 평가를 삶의 원동력으로 삼으면 환경 변화에 휘둘리기 쉽지요.

사실 아들러는 칭찬에 대해 비판적인 태도를 보였습니다. 그 이유는 '관계'에 있습니다. 바로 '세로의 관계'와 '가로의 관계'입니다. 아들러는 '칭찬'이라는 행위는 세로의 관계(상하 관계)를 구축하기 때문에 해서는 안 된다고 주장했습니다. 아들러는 이렇게 말했습니다.

"칭찬하면 안 된다. 칭찬은 '당신은 나보다 아래에 있는 존

자기 축과 타인 축

— 아들러의 말 —
자신과 타인의 과제를 나누어 생각하라. (과제의 분리)

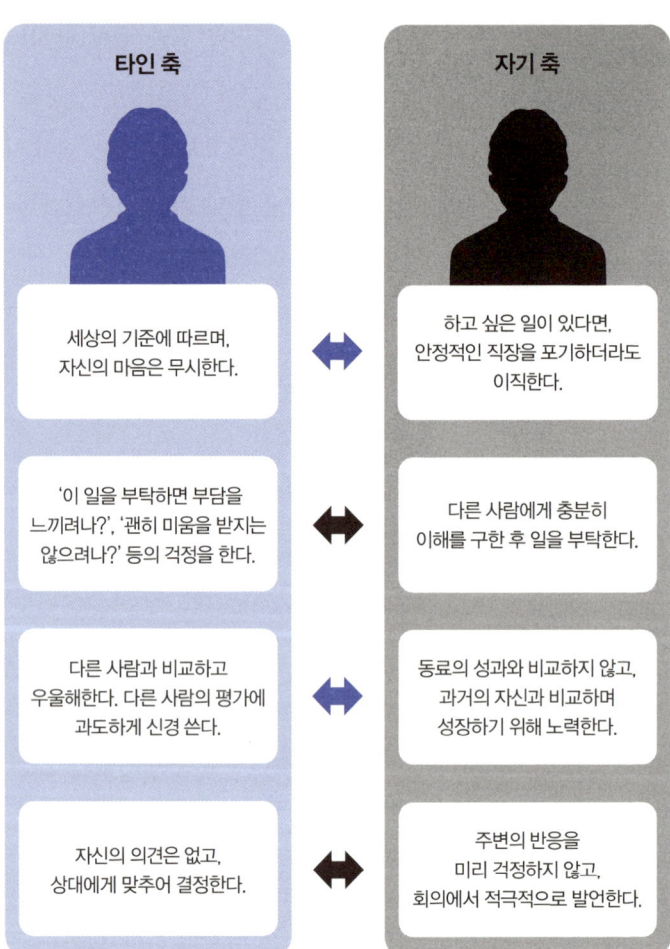

재다', '어차피 너는 할 수 없다'라고 상대방에게 말하는 것과 같기 때문이다."

칭찬하는 상황을 생각해볼까요? 후배 직원이 상사에게 칭찬하거나 학생이 선생님에게 칭찬하지는 않지요. 칭찬은 반드시 위에서 아래로 향합니다.

우리는 윗사람에게 칭찬을 들으면 인정받았다는 생각에 기뻐합니다. 그런데 '역시 네가 프로젝트를 해낼 줄 알았어'라고 생각했다면 프로젝트를 해냈다는 이유로 칭찬하지 않습니다. '못 해낼 줄 알았는데 해내다니, 대단한데?'라고 생각하기 때문에 칭찬하는 것입니다.

칭찬받는 데 익숙해지면, 칭찬을 받지 못할 때 불만이 쌓이고 인정받지 못하는 자신에게 화가 납니다. 그러면 칭찬을 받기 위해 하고 싶지 않은 일을 하거나, 칭찬받는 사람을 시기하게 되지요. 그렇게 타인 축으로 살게 되는 것입니다.

타인 축으로 살면 상대방의 반응에 신경이 집중되어 자신의 생각을 전달하기 어렵습니다. 상대방의 반응이 어떨까 조심스러워지고 눈치를 보게 되고, 상대가 무엇을 원하는지만 의식하게 되기 때문입니다.

자신의 말과 행동에 상대방이 어떤 반응을 보일지는 상대의 선택입니다. 만약 '내가 노력하는 만큼 내게 잘해주겠지?'

라고 바라면, 원하는 반응이 나오지 않았을 때 부정적인 감정을 품게 되고 맙니다. 하지만 자기 축으로 살면 그럴 일 없지요.

미움받을 용기가 필요한 이유

저도 철이 들 무렵부터 다른 사람의 시선을 신경 썼습니다.

앞서 말했듯 저는 친구와 놀 때도 무엇을 할지 친구에게 선택권을 줬습니다. 괜히 의견을 말했다가 미움을 사게 될까 봐 항상 친구의 뜻에 따랐지요. 수업 시간에는 창피를 당하고 싶지 않아서 발표도 되도록 피했습니다. 그 습관은 사회인이 된 후에도 고쳐지지 않아 회의할 때조차 좀처럼 제 의견을 말하지 않았습니다.

'어떻게 해야 친구들에게 미움을 받지 않을까?', '어떻게 해야 회사에서 좋은 평가를 받을까?'라고 눈치만 보며 행동했기에 아무것도 할 수 없었습니다.

그러다 과제의 분리를 알게 된 후, 제가 타인 축으로 살아왔다는 사실을 깨달았습니다. 물론 다른 사람을 배려하는 태도가 잘못된 것은 아닙니다. 오히려 훌륭한 일이지요.

그러나 자신의 생각도 드러내지 못할 만큼 인내하며 다른 사람을 배려하는 것은 자신을 괴롭히는 행동일 뿐입니다. 자신에게 상냥하지 못한 사람은 진심으로 다른 사람에게 잘할 수 없습니다. 참고 인내하며 다른 사람에게 친절하게 대해도, 그 친절함은 오래가지 못할 것입니다.

그러니 우선 나에게 다정하게 대해주세요. 그리고 언제나 나를 최우선으로 생각하기를 바랍니다.

저는 그렇게 마음먹고 아주 사소한 부분부터 과제의 분리를 실천했습니다. 친구와 놀 때는 가고 싶은 곳을 당당하게 말하고, 술자리에 가고 싶지 않을 때는 직장 선배의 권유라도 거절했지요. 또 편의점 직원과 눈을 맞추고 자연스럽게 인사를 나눴습니다.

어쩌면 저의 행동에 상대방이 언짢아할 수도 있고, 성가시다고 느낄 수도 있습니다. 그래도 마음 가는 대로 해보자는 생각으로 날마다 실천했습니다.

그 결과는 매우 놀라웠습니다. 술자리 제안을 거절했을 때 상대방은 "알았어. 다음에 같이 가자!"라며 예상외로 담백하게 받아들였습니다. 그때 저는 '내 의견을 말해도 상대방은 의외로 신경 쓰지 않는구나'라고 깨달았습니다.

다시 말하지만 나의 일은 나의 과제, 타인의 일은 타인의 과제입니다. 다른 사람이 어떻게 생각하는지는 그 사람에게 달렸습니다.

사실 그전까지 저는 무엇을 하고 싶은지 생각해본 적 없었습니다. 과제의 분리를 실천하고 나서야 '나는 무엇을 하고 싶을까?' 생각하기 시작했지요. 그렇게 사소하더라도 하고 싶은 일을 하나씩 해나갔습니다. 그러자 제 인생의 운전대를 제가 잡고 있다는 느낌이 들었습니다.

단, 한 가지 주의할 점이 있습니다.

과제의 분리를 실천하다 보면 벽에 부딪히곤 합니다. 예를 들어, 일을 다른 사람에게 떠넘기고 자기만 먼저 퇴근하는 동료를 보거나, 배우자가 집안일을 일방적으로 강요할 때처럼 피해를 입기도 하지요.

이때 행동하는 주체는 타인이라는 이유로 '이것은 저 사람의 과제니까 나는 참아야 한다'라고 생각할 필요는 없습니다. 반대로 '이것은 내가 하고 싶은 일이니, 상대방이 어떻든 관계없다'라고 자기중심적으로 행동해서도 안 됩니다.

이는 과제의 분리를 잘못 실천한 경우입니다. 1장에서도 말했지만, 과제의 분리는 자기중심적으로 행동하는 것도, 다른 사람의 무례한 행동을 꾹 참는 것도 아닙니다.

다른 사람의 과제라도 자신과 관련이 있다면(특히 피해를 받을 경우), 그것은 공통의 과제입니다. 그러니 무조건 참을 필요 없습니다.

이럴 때는 상대를 존중하는 태도로 자신의 마음을 전해야 합니다. 예를 들어 "당신의 기분을 이해하지만, 나도 당신의 행동에 상처받았으니 그만했으면 좋겠다"라고 말하는 것이지요. 그래도 문제가 해결되지 않는다면 환경을 바꾸어 피하는 수밖에 없습니다.

과제의 분리는 '나는 나, 타인은 타인'처럼 단순하지 않습니다. 처음에는 어렵겠지만, 나의 생각을 소중히 여기면서 다른 사람과의 관계를 재검토하는 지표로 삼아보세요.

저는 과제의 분리를 시작하고 나서, 제가 어떨 때 즐겁고 무엇을 싫어하는지 알게 되었습니다. 또한 자신의 가치관을 상대에게 강요하며 그 사람의 과제에 계속 간섭하려고 할 때 인간관계로 고민하게 된다는 사실도 깨달았습니다.

지각한 친구에게 화가 나는 경우를 생각해볼까요? 이는 '지각하면 안 된다'라는 자신의 가치관을 다른 사람에게 강요하는 셈입니다.

보통 '지각하면 안 된다'는 상식으로 통하지만, 모든 사람이 중요하게 생각하지는 않습니다. 실제로 저는 친구가 지각해도 '기다리며 책을 읽을 수 있으니 오히려 좋아'라고 생각합니다. 전혀 짜증이 나지 않지요. 사실 '상식'은 그저 다수의 의견일 뿐입니다. 물론 지각한 친구를 두둔하는 건 아닙니다. 친구의 지각으로 피해를 입었다면 용기 내 말해야 하지요.

과제의 분리를 하면 이처럼 자신의 가치관, 즉 자신이 생각하는 상식을 알 수 있습니다. 이는 매우 큰 장점이지요. 자신이 무엇을 중요하게 생각하는지, 무엇에 가치를 두는지 알면 자신을 기분 좋게 만드는 방법이나 마음을 불편하게 만드는 원인도 파악할 수 있기 때문입니다.

내 가치관이
모두에게 정답은 아니다

심리학에서 'belief'는 '신념', '가치관'을 나타냅니다.

만약 자신의 가치관을 알고 싶다면 'ㅇㅇ해야 한다'라는 내용을 최대한 많이 적어보기를 추천합니다. 가령 '항상 다른 사람에게 친절해야 한다', '회사와 사생활은 구분해야 한다', '음식은 남기지 말고 먹어야 한다'처럼 말입니다.

이처럼 무엇이든 괜찮으니 생각나는 대로 적어보세요. 그러면 자신의 신념과 가치관을 알 수 있습니다. 그리고 기분 나쁜 일이 생겼을 때 '왜 짜증이 났을까?', '나의 어떤 가치관에 어긋난 걸까?'를 생각하면, 고민의 뿌리를 알 수 있어 매우 후련해질 것입니다.

나아가 자신의 가치관을 다른 사람에게 강요하고 있었다는 사실을 알아차리면 '내가 멋대로 짜증 냈던 거구나'라며 마음을 가라앉힐 수 있습니다.

실제로 저는 평소 메일이든, 메시지든 바로바로 답장하는 편입니다. '상대를 기다리게 하면 안 된다', '신뢰를 얻으려면 빠른 속도가 중요하다'라고 믿기 때문입니다.

그래서 제 연락에 상대방이 늦게 답하거나 답장하지 않으면 화가 났습니다. 과제의 분리를 알기 전까지는 말이지요. 상대방에게 저의 가치관을 강요하며 "왜 읽고 바로 답하지 않는 거야?"라고 다그쳤던 것입니다.

하지만 이런 사소한 문제도 과제의 분리를 실천하고 나니 '그동안 멋대로 나의 가치관을 상대에게 강요했구나'라고 반성하게 되었습니다. 지금은 상대가 언제 답장을 해도 감정적으로 전혀 동요하지 않지요.

이처럼 저는 아들러 심리학에서 가장 처음 실천한 과제의 분리를 통해 저의 가치관을 깨닫고 타인 축으로부터 조금씩 해방되었습니다. 그 결과, 어디서든 저의 의견을 말하고, 인간관계에서 겪었던 고민까지 가볍게 넘기게 되었습니다.

관점이
삶의 온도를 결정한다

아들러의 인지론이란 '사람은 세계를 자기가 보고 싶은 대로 본다'라는 시각입니다.

사람은 누구나 각자의 가치관과 성격, 사고의 습관을 지니고 있습니다. 그래서 자기만의 필터를 통해 세상을 해석하고 이해하지요.

1장에서 "분홍색 렌즈의 안경을 낀 사람은 세상이 분홍색이라고 착각한다"라는 아들러의 말을 소개했습니다. 즉, 같은 일을 겪어도 사람에 따라 다르게 해석하지요.

저는 친구들과 함께 식사할 때 이 사실을 깨달았습니다. 그날은 친구들과 오랜만에 만난 날이었습니다. 그런데 이야기를 나누다 한 친구가 컵을 넘어뜨려 음료를 쏟고 말았습니다. 제가 재빨리 컵을 들었지만, 이미 절반 정도 흘린 상태였지요. 친구들은 "괜찮아?", "아이고, 아까워라"라며 한마디씩 건넸습니다. 그런데 그때 한 친구가 "그래도 절반이나 남았네. 다행이다!"라고 말하는 것 아니겠습니까.

저는 친구의 태도에 진심으로 감탄했습니다. 그 친구처럼 어떤 일이든 긍정적으로 해석하면 힘든 순간도 충분히 극복할 수 있겠다는 생각이 들었지요. 이 친구는 앞에서 소개한 마쓰시타 고노스케가 말했던 '스스로 운이 좋다고 생각하는 사람'이라고 할 수 있습니다.

아들러 심리학의 인지론을 알게 된 저는 하고 싶은 일을 찾기 전에, 먼저 내가 어떻게 세상을 이해하는지 알아보기로 했습니다.

- 지금처럼 인생을 걸 만큼 몰두하고 싶은 일 없이 앞으로 몇십 년을 살아도 괜찮을까?
- 나는 나 자신을 어떻게 생각하고 있을까?
- 나는 지금까지의 경험을 어떻게 인식하고 있고, 세상을 어떻게 보고 있을까?

이런 것들을 깊이 고민해보며 제가 쓴 색안경이 무엇인지 알아둬야 한다고 생각했습니다. 아들러의 표현을 빌려 말하자면, "분홍색 렌즈의 안경을 낀 사람은 세상이 분홍색이라고 착각하기 때문"입니다.

사람은 누구나 자기만의 기준으로 세상을 해석합니다. '인생은 아름답다'라고 생각하는 사람이 있는가 하면, '인생은 시시하다'라고 생각하는 사람도 있습니다. 또한 '자동차는 편리하다'라고 생각하는 사람이 있는가 하면, '자동차는 돈이 많이 들어 별로다'라고 생각하는 사람도 있습니다.

이처럼 사람들은 같은 대상이라도 서로 다른 시선으로 바라보지요. 각자의 가치관이라는 안경을 통해 해석하기 때문입니다.

또한 인간의 뇌에는 'RAS(망상 활성계)'라는 기능이 있습니다. 이는 자신의 관심사와 관련된 정보를 습득하려고 하는 뇌의 기능을 말합니다. 즉, 뇌는 자신이 좋아하는 것, 옳다고 믿는 주장에 관한 정보들만 모으려고 합니다.

가령 길을 걸을 때, 자동차를 좋아하는 사람은 지나가는 차에 눈길을 주고, 아이를 둔 부모는 아이에게 더 눈길을 줍니다. 그 이유가 바로 RAS 기능 때문입니다.

기억에 관여하는 뇌의 해마는 '반복해서 들어오는 정보'를 중요한 정보로 판단합니다. 그렇기에 자신의 인지를 파악하는 것은 매우 중요하며, 그다음에 무엇을 목표로 할지 고민해야 합니다.

아들러는 이렇게 말했습니다.

"중요한 것은 무엇을 가지고 태어났느냐가 아니라 주어진 것을 어떻게 잘 다루느냐이다."

자신에게 주어진 것을 잘 다루려면 자신이 세상을 어떻게 해석하는지 알아야 합니다. 그러기 위해서는 과거를 되돌아봐야 하지요. 간혹 그 과정이 고통스러운 사람도 있을 것입니다.

하지만 자신의 과거가 어떻든, 그것을 후회하고 한탄할 필요는 없습니다. 아들러 심리학을 실천하면 과거에 대한 해석도 얼마든지 바꿀 수 있습니다.

세상을 해석하는 프레임을 알고 싶다면

저도 저의 해석 방식을 알기 위해 수많은 세미나와 코칭 행사에 참여하고, 연간 백여 권의 책을 읽었습니다. 그런데도 부족한 느낌에 직접 코칭 스쿨에도 다녔지요. 그 덕분에 좀 더 확실히 깨달을 수 있었습니다.

이번에는 제가 실천해본 방법 가운데 효과적이었던 활동들을 소개하겠습니다.

가장 기억에 남는 어렸을 적의 일은 무엇인가?(가능하다면 초등학생 때까지의 기억에서)

아들러는 "라이프스타일(성격)은 열 살 무렵에 완성된다"라고 말했습니다.

어렸을 적 경험이나 그 경험을 통해 느낀 점이 성격 형성에 영향을 미친다고 보았지요. 기억에 남았다는 것은 그때 감정이 움직였다는 증거이기 때문에 가치관을 파악하는 데 도움을 얻을 수 있습니다. 만약 어렸을 적 기억이 도저히 떠오르지 않는다면 부모님이나 선생님, 친구 등 주변 사람에게 들었던 인상적인 말을 떠올려도 좋습니다.

저는 초등학생 때 전교생 앞에서 운동회 연주를 지휘했던 일이 아직도 강한 기억으로 남아 있습니다. 당시에는 너무 긴장돼서 견디기 힘들었지요. 비슷한 기억으로 영어 회화 발표날도 떠오릅니다. 많은 사람 앞에서 발표하려니 머리가 새하얘져서 아무 말도 못 했습니다.

그 뒤로 저는 쭉 '나는 다른 사람 앞에서 말하는 데 서툰 사람이야'라고만 생각했습니다. 그런데 알고 보니 어렸을 적 경험이 지금의 가치관을 형성하는 데 영향을 미친 것이었습니다. 다른 사람의 시선을 신경 쓰는 성격도 '주변 사람들이 항상 나를 보고 있다'라는 생각 때문이었지요.

지금은 '주변 사람들은 나를 그다지 신경 쓰지 않는다'라는 사실을 알기에 사람들 앞에 서는 게 두렵지 않습니다(이는 아들러 심리학의 '목적론'으로 실현할 수 있었는데, 목적론에 대해서는 뒤에서 더 이야기하겠습니다).

당신은 어떤 기억이 떠오르나요? 그리고 그 기억은 당신의 가치관에 어떤 영향을 미쳤나요? 직접 적어보세요. 그러면 새로운 사실을 깨닫게 될 것입니다.

이 활동으로 과거를 살펴봤으니, 이제 지금의 시각을 파악하는 데 유용한 활동들을 소개하겠습니다.

저널링하기

저널링(Journaling)이란 자신의 감정이나 생각을 떠오르는 대로 공책에 적는 것을 말합니다. 지금 내가 무엇을 느끼는지 파악하는 데 매우 유용한 방법이지요.

예를 들면 다음과 같습니다.

'오늘은 일하다가 실수해서 팀에 민폐를 끼쳤다. 너무 당황해서 제대로 대처하지 못한 점도 반성한다. 차분하게 되돌아보면 미리 대책을 세울 수 있었는데, 내 실수에 화가 난다. 다음에는 같은 실수를 반복하지 않도록 더 주의해야겠다. 나를 도와준 동료들에게 정말 고맙다.'

아무도 공책을 보지 않으니 솔직하게 적어보세요. 마음을 정리할 수 있을 것입니다. 오늘 있었던 일도 좋고, 그에 대한 감정도 좋습니다. 쓰는 방법은 특별히 정해져 있지 않습니다. 새하얀 노트에 떠오르는 대로 휘갈겨 써도 괜찮습니다.

나중에 저널링한 공책을 다시 보면 자신이 어떨 때 어떤 감정을 느꼈는지 알 수 있습니다. 우선 한 달 동안 적고 그 기록을 되돌아보세요. 저는 저널링을 꾸준히 하면서 '아, 나는 또 똑같은 일로 우울해하고 있구나', '이럴 때 기뻐했구나'라고 파악할 수 있었습니다. 저널링은 그야말로 자기 자신을 이해하는 최고의 방법입니다.

요즘 무엇에 돈을 가장 많이 쓰는가? 그리고 어디에 시간을 가장 많이 투자하는가?

돈과 시간은 인생에서 아주 중요한 요소입니다. 그래서 사람마다 쓰는 대상도 다릅니다. 돈과 시간이 소중한 만큼 나에게 가치 있는 대상에 쓰지요.

저는 대학 시절에 좋아하는 밴드의 콘서트를 다니는 데 대부분의 돈과 시간을 썼습니다. 그러나 지금은 책과 세미나에 더 많이 투자합니다. 취미로 일상을 채우던 학생에서, 저의 성장에 돈과 시간을 쓰는 사람으로 바뀌었습니다.

이렇게 돈과 시간을 어디에 투자하는지 파악하면, 자신의 가치관과 소중히 여기는 대상 등을 알 수 있습니다.

가치관 파악하기

앞서 과제의 분리에서도 가치관을 파악하는 방법에 대해 이야기했습니다. 방법은 간단합니다. '해야만 한다'라고 생각하는 것을 몇 가지 적어보세요. 그러면 자신이 어떤 가치관을 가졌는지 알 수 있습니다. 친구와 함께 작성해 서로가 적은 내용을 비교해보면 굉장히 흥미로울 것입니다.

사람은 자기 자신을 객관적으로 볼 수 없습니다. 주관이 개입하기 때문입니다. 그러나 다른 사람과 적은 내용을 공유하면 자신에 대해 더 객관적으로 파악할 수 있으므로, 한 번쯤 비교해보기를 바랍니다.

제 지인 중에 '어떤 일이든 돈이 되는지를 먼저 파악해야 한다'라고 생각하는 사람이 있습니다. 저는 처음에 그를 보며 '왜 그렇게까지 돈에 집착할까?' 이해되지 않았습니다. 그러나 지인과 함께 가치관을 파악하며 그의 힘들었던 과거 이야기를 들으니 비로소 이해되었습니다.

이처럼 다른 사람과 비교해보면 자신의 가치관이 유일한 정답은 아님을 깨달을 수 있습니다.

장점과 단점 적기

자신이 생각하는 본인의 장단점을 각각 써보세요. 사실 장점과 단점은 모두 단순히 특징일 뿐, **'단점'도 관점을 바꾸면**

'장점'이 될 수 있습니다.

예를 들어 '마이 웨이' 성향은 사람에 따라 장점으로 보는 사람도 있고, 단점으로 보는 사람도 있습니다. 이 성향을 자기주도적이며 독립적이라 좋다고 생각한다면 장점이 되겠지만, 함께 일하기 어려운 성향이라고 판단하면 단점이 되지요.

실제로 예전에 제가 생각했던 저의 장단점을 79쪽 표에 적어봤습니다. 사실 장단점은 인지론으로 보면 단순히 특징에 불과합니다. 좋거나 나쁜 것이 아니지요. 각각의 특징을 장점이나 단점으로 해석한 것은 자기 자신입니다.

예전에 제가 다녔던 코칭 학원에서 이와 관련한 재미있는 활동을 했습니다. 바로 '단점 다시 쓰기'입니다. 스스로 단점이라고 생각한 특징은 그저 자신이 그렇게 해석했을 뿐임을 이해하기 위한 활동입니다.

방법은 간단합니다. 단점을 장점으로 바꿔 말하는 것입니다. 예를 들어, 저는 '물건을 놓고 나올 때가 많다'라는 점을 단점이라고 생각했지만, 이를 '물건에 집착하지 않는다', '지금의 나에게 집중하고 있다'라는 장점으로도 볼 수 있지요.

여러 명이 함께 '단점 다시 쓰기'를 하며, 제가 단점이라고 생각하는 특징을 다른 사람들이 긍정적으로 바꿔 말해주었습니다. 분명 저는 단점이라고 생각했는데 칭찬을 받으니 기분이 좋아지더군요.

나의 성격 특징

장점

- 낙천적이다.
- 다른 사람의 이야기를 잘 들어준다.
- 관대하다.
- 화를 쉽게 내지 않는다.
- 영업 경력이 10년 이상이다.
- 취미가 많다.
- 호기심이 왕성하다.
- 불의와 타협하지 않는다.
- 항상 웃는 얼굴이다.
- 글을 잘 쓴다.
- 다른 사람을 잘 챙긴다.

단점

- 물건을 놓고 나올 때가 많다.
- 집중력이 약하다.
- 취미가 아닌 것에는 무관심하다.
- 분위기 파악을 잘 못한다.
- 다른 사람에게 지시받는 것을 싫어한다.
- 둔감하다.
- 청소에 서툴다.
- 야무지지 못하다.
- 물건을 자주 잃어버린다.

성격 특징을 장점이나 단점으로 해석한 것은 자기 자신이다.

단점 다시 쓰기

> **아들러의 말**
>
> 중요한 것은 무엇을 가지고 태어났느냐가 아니라
> 주어진 것을 얼마나 잘 다루느냐이다.

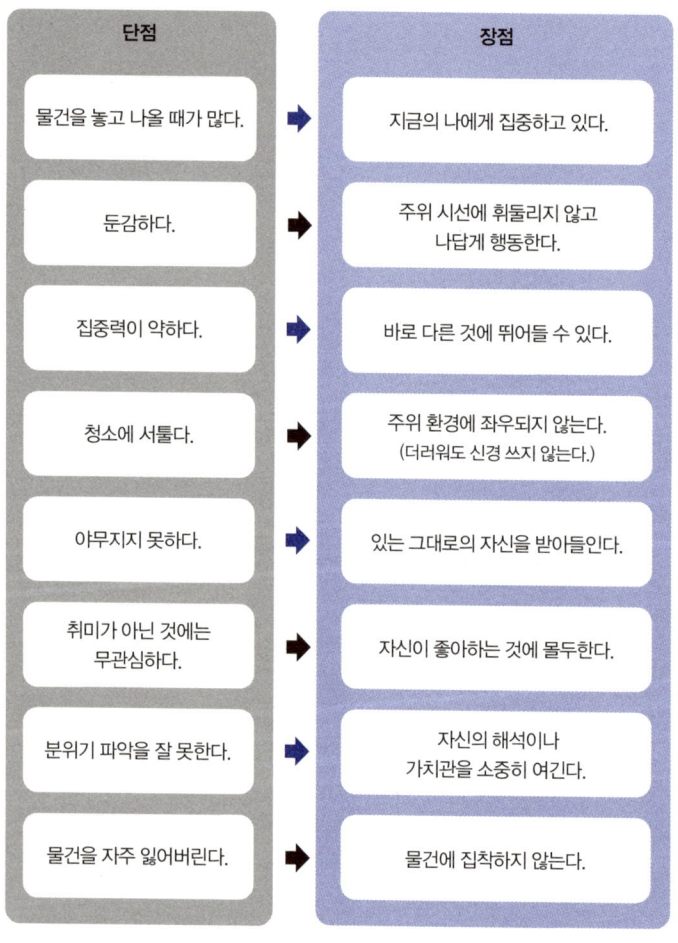

단점	장점
물건을 놓고 나올 때가 많다.	지금의 나에게 집중하고 있다.
둔감하다.	주위 시선에 휘둘리지 않고 나답게 행동한다.
집중력이 약하다.	바로 다른 것에 뛰어들 수 있다.
청소에 서툴다.	주위 환경에 좌우되지 않는다. (더러워도 신경 쓰지 않는다.)
야무지지 못하다.	있는 그대로의 자신을 받아들인다.
취미가 아닌 것에는 무관심하다.	자신이 좋아하는 것에 몰두한다.
분위기 파악을 잘 못한다.	자신의 해석이나 가치관을 소중히 여긴다.
물건을 자주 잃어버린다.	물건에 집착하지 않는다.

기억하세요. 장점과 단점은 자신이 규정한 것일 뿐입니다.

지금까지 소개한 활동들을 직접 해보면 아들러가 말하는 '인지', 즉 자신의 '시각'을 알 수 있습니다. 저 역시 활동을 통해 스스로를 어떻게 인식하고 있고, 주위 사람들을 어떻게 바라보고 있는지 이해하게 되었습니다.

첫째 달까지의 변화

- 코칭을 통해 아들러 심리학에 관심이 생겼다.
- 스스로 타인 축이었음을 깨닫고, 조금씩 나의 의견을 말할 수 있게 되었다.
- 내가 무엇을 중요하게 생각하는지 알게 됐다.

주어가 관계의 거리를
결정한다

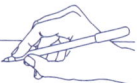

혹시 다른 사람에게 자신의 의견을 말하는 게 어렵나요? 만약 그렇다면 '자기주장(assertion)' 기술을 배워보세요. 원래 저는 제 의견을 주장하지 못하는 성격이었습니다. 그런 저를 바꾸는 데 '부드럽게 전하는' 자기주장 기술이 큰 도움을 주었습니다.

'자기주장'이란 커뮤니케이션 기술 중 하나로, 다른 사람을 배려하면서 자신의 의견을 말하는 방법입니다. 저는 특히 'I 메시지'로 전하는 방법을 추천합니다. "나는 이렇게 생각한다"라고 표현하는 방법이지요.

인간은 누구나 통제당하거나 존엄성에 상처 입는 것을 싫어합니다. 그래서 의견을 전할 때 태도에 신경 써야 하지요. 'I 메시지'는 "어디까지나 나는 이렇게 생각한다"라고 전하는 방법이므로, 상대의 감정을 배려하면서 자신의 의견을 전할 수 있습니다.

반면에 'YOU 메시지'는 "당신은 이렇다"라고 상대를 언급합니다. 만약 그 의견이 부정적인 내용이라면, 상대 자체를 부정하게 되므로 상대는 안 좋은 감정을 느낄 것입니다.

예를 들어, 자주 지각하는 친구에게 "너는 지각하는 버릇을 고쳐야 해"라고 말하지 말고 "자꾸 지각하면 기다리는 상대에게도 민폐이니, 내 생각엔 그 부분을 고치는 게 좋을 것 같아"라고 말해보세요.

작은 차이지만, 상대의 버릇 자체를 비난하는 전자에 비해, 후자는 자기 생각을 전하는 것에 지나지 않습니다. 물론 후자처럼 말하더라도 상대가 언짢아할 수도 있습니다. 그러나 상대를 부정하는 것은 아니기 때문에 관계가 틀어지지는 않을 것입니다.

3장

삶은 어려움을
극복하는 게임이다

둘째 달부터 셋째 달까지,
인생의 의미는 주변에 의해 정해지지 않는다

✕ ✕ ✕

열등감을 핑계로 인생에서 도망치는 겁쟁이는 많다.
그러나 열등감을 발판 삼아 위대한 업적을 이룬 인물도 많다.

✕ ✕ ✕

인간은 자기 인생을 그리는 화가다

> **둘째 달부터 셋째 달까지의 상황**
> - 아직 하고 싶은 일을 찾지 못했다.
> - 다른 사람과 비교하며 열등감을 느낄 때가 많았다.
> - 나의 라이프스타일을 아직 정확히 몰랐다.

"인간은 자기 인생을 그리는 화가다."

아들러는 이렇게 말했습니다. 아들러 심리학의 본질을 담고 있는 말이지요.

저는 첫 코칭 체험 강의에서 "내 인생의 주인공은 나다"라는 말을 들었습니다. 드라마나 영화에도 종종 나오는 말이라 익숙하지만, 실제로 느껴본 적 없는 말이었습니다. 하지만 이제는 그 중요성과 의미를 절실히 느끼고 있습니다. 방금 말한 아들러의 말과 똑같은 의미이지요.

할 수 없다는 변명 뒤에 숨은
자기 선택

아들러 심리학의 '자기 결정성(주체론)'에서는 '자기 인생은 스스로 결정할 수 있다'라고 말합니다.

지금 이 순간에도 '하고 싶은 일이 있지만 부모님이 허락해 주지 않는다', '돈이 없어서 못 한다', '가족에게 부담을 주니 어쩔 수 없다'라고 생각하며 하고 싶은 일을 참는 사람이 있을 것입니다. 이는 자기 인생을 다른 사람에게 그리게 하는 것과 같습니다. 아들러의 말을 빌리자면 "못하는 것이 아니라, 하지 않는 선택을 하고 있을 뿐"입니다.

물론 외적 요인이 앞을 가로막을 때도 있습니다. 하지만 진심으로 하고 싶은 일이라면, 어떤 걸림돌이 있어도 반드시 헤쳐 나갈 방법을 찾아야 합니다.

저는 아들러 심리학을 실천하고 첫째 달에 제가 좋아하는 것과 싫어하는 것, 중요하게 생각하는 가치관이 무엇인지 깨달았습니다. 그리고 둘째 달에는 한 걸음 더 나아가 '나는 내 인생을 스스로 그리고 있나?'라는 고민에 빠졌습니다.

당시 저는 '언제든 원하는 장소에서 일하기'를 바랐습니다. 그래서 직업을 바꾸어야 할지 고민했지요. 그때 제일 먼저 떠오른 생각은 '가족들은 어떻게 생각할까?', '주변에서는 뭐라고 말할까?'였습니다. 여전히 저보다 다른 사람을 더 신경 쓰며 타인 축으로 생활했지요.

하지만 과제의 분리를 조금씩 실천하면서 '나'를 위한 선택을 해야 된다는 생각이 들기 시작했습니다.

지금의 결정 안에 미래가 있다

앞서 말했듯이, 저는 어린 시절부터 다른 사람의 시선을 지나치게 신경 썼습니다. 그러다 보니 제가 하고 싶은 일보다 다른 사람이 기뻐하는 일을 했지요.

학교에서 위원회의 역할을 정할 때도 친구들이 하고 싶은 역할을 맡을 수 있도록 저는 남은 역할을 맡았습니다. 운동을 배울 때도 다른 사람들이 한다는 이유로, 수영과 축구를 시작했습니다(이제 축구는 가장 좋아하는 스포츠이긴 합니다). 대학에서 수강 신청을 할 때도 친구가 고른 수업을 신청했지요.

지금 되돌아보면 '내가 스스로 결정한 게 있었나?' 싶을 정도로 타인 축으로 모든 결정을 내렸습니다.

처음에는 '더 좋아하는 과목을 배울걸', '여러 사람을 만나며 더 다양한 경험을 해볼걸'이라며 후회도 했습니다. 하지만 아들러 심리학의 자기 결정성을 통해 이 역시 제가 스스로 결정한 인생임을 받아들이게 되었습니다.

과거의 내가 지금의 나를 만들었다면, 지금의 나를 바꿈으로써 미래의 삶도 바꿀 수 있습니다. 과거를 후회하는 사람에게는 앞으로의 삶을 바꿀 에너지도 있습니다. '지금 이대로는 안 된다'라는 생각을 에너지로 삼을 수 있기 때문입니다.

아들러 심리학은 '부드러운 결정론'을 중요시합니다. 이때 '부드럽다'는 '외부 요인의 영향을 전혀 받지 않고, 무엇이든 스스로 결정할 수 있다'라고 단언하지 않는 태도를 말합니다.

갑자기 '부드러운 결정론'이라는 낯선 용어가 나와 당황했나요? 철학 이론 가운데 '결정론'과 '자유의사론'이 있습니다. 먼저 결정론은 '과거가 있기에 오늘의 내가 있다. 지금의 자신은 과거의 자신에게 영향을 받으므로 바꿀 수 없다'라는 관점입니다. 반면에 자유의사론은 '유전이나 사회에 제한받지 않고 모든 것은 스스로 결정할 수 있다'라는 관점입니다.

아들러 심리학은 그 중간인 부드러운 결정론에 해당합니다. 아들러는 어렸을 때 아팠기에 유전이나 신체적 열등성 등의 외적 요인에도 적지 않게 영향을 받는다고 생각했습니다. 다만, 그 안에서도 충분히 자유롭게 결정할 수 있다고 주장했지요.

만약 유전적인 신체 특징이나 질병 등 물리적 요인으로 인해 불가능한 일이라면 억지로 할 필요 없습니다. 자신이 지금 할 수 있는 일을 찾으면 됩니다.

제가 아들러 심리학에 푹 빠진 이유는 이런 유연성에 있습니다. 절대로 '언제나 모든 일을 스스로 결정하고 실행할 수 있다'라고 단언하지 않지요. 아들러 심리학에서 '반드시'라는 말은 거의 나오지 않습니다. 유연하게 생각하며, 나름대로 구현하고 실천할 수 있다는 점이 아들러 심리학의 장점이지요.

행복은 삶을 책임질 때
비로소 모습을 보인다

또한 자기 결정성은 자신의 인생에 책임감을 갖게 만들어 줍니다.

예를 들어, 부모님의 요구로 가업을 물려받은 사람이 있다고 가정해봅시다. 진심으로 그 일을 하고 싶다면 괜찮겠지만, 강제로 가업을 떠맡게 되었다면 아마 사업에 실패했을 때 부모님을 탓하고 말 것입니다. 혹은 사업이 잘되더라도 '지금까지 부모님이 쌓은 성과 덕분 아닐까? 과연 내 능력 덕분일까?'라며 고민할지도 모릅니다.

이처럼 자기 일을 스스로 결정하지 않으면, 성공하든 실패하든 조금도 성장할 수 없습니다.

코칭은 자신의 인생을 스스로 결정하게 도와줍니다. 기본적으로 코칭에서는 조언을 하지 않습니다. 코치의 방식이 대상자에게 도움이 될지 안 될지를 모르기 때문입니다.

가령 도저히 공부할 시간이 없어서 고민하는 사람이 있다고 해봅시다. 이때 코치가 "미라클 모닝으로 시간을 만들어보세요"라고 조언했다면 어떨까요? 아마 아침잠이 많은 사람에게 그 조언은 아무런 도움도 주지 못할 것입니다. 이처럼 조언이란 다른 사람의 결정을 바탕으로 합니다. 따라서 나에게 딱 맞지 않을 수 있습니다.

'나의 인생'을 살기 위해서는 남이 아니라 내가 결정을 내려야 합니다. 물론 이때 책임이 뒤따릅니다. 자신의 인생을 책임질 수 있어야 진정으로 인생을 즐길 수 있지요.

자기 결정성에 대해 조금 더 깊게 살펴보겠습니다. 저는 이전까지 '인간은 감정적인 존재이며, 감정은 자연스럽게 생기는 것'이라고 생각했습니다. 그러나 아들러의 생각은 전혀 달랐습니다. 아들러는 "인간은 자신의 목적에 따라 감정을 끌어낸다"라고 말했지요. 처음에는 아들러의 말을 이해하기 어려웠습니다. 솔직히 꽤 충격도 받았지요. 그런데 어떤 경험을 통해 아들러의 말을 이해하게 되었습니다.

제가 다니는 회사에 쉽게 욱해서 고함을 지르는 사람이 있었습니다. 하루는 그가 후배 직원에게 소리를 지를 때 전화가 울렸습니다. 저는 당연히 화난 목소리로 전화를 받으리라 예상했지요. 그런데 조금 전까지 고래고래 소리치던 사람이 전화를 받자마자 거짓말처럼 차분해지는 것 아니겠습니까. 아들러의 말처럼 사람은 자신이 원하는 대로 감정을 끌어낼 수 있던 것입니다.

"나도 모르게 욱해서 고함을 질렀다"라고 말하는 사람을 종종 봅니다. 그런데 이는 비겁한 변명일 뿐입니다. 그저 자신이 선택한 행동이지요. 아들러의 말처럼 분노는 '상대를 굴복시키고 통제하며, 자신의 위엄을 보여줄' 목적으로 선택한 감정인 것입니다.

이처럼 쉽게 발끈하는 성격은 언뜻 보면 감정을 조절할 수 없는 사람처럼 느껴집니다. 하지만 상대를 통제하려는 '목적'을 내려놓으면 언성을 높이는 일이 사라지지 않을까요?

분노 조절 관리(Anger Management)를 다룬 책에서는 분노를 '2차 감정'이라고 말합니다. 다시 말해 '상대방을 통제하여 우월감을 느끼고 싶다', '외로우니까 나를 더 신경 써달라'라는 1차 감정이 있고, 2차 감정인 분노가 나타난다는 뜻입니다. 저는 이 사실을 깨닫고 난 뒤 다른 사람에게 화를 내지 않게 됐습니다.

지금 생각해보면 어리석은 행동이지만, 사실 예전에 저는 무엇이든 통제하려고 했습니다. 제 뜻대로 되지 않으면 바로 짜증부터 났지요. 하지만 과제의 분리를 통해 상대방을 통제할 수 없다는 사실을 깨닫고, 마음을 내려놓음으로써 다른 사람에 대한 분노도 느끼지 않게 되었습니다.

라이프스타일의
3가지 요소

'지금부터라도 노력한다면 앞으로의 인생을 스스로 결정할 수 있다.'

저는 자기 결정성을 알고 나서 앞으로의 인생을 스스로 결정하겠다고 마음먹었습니다. 아들러 심리학 덕분에 매우 큰 용기를 얻었지요.

앞에서 말했듯 자신의 라이프스타일을 파악하는 것은 매우 중요합니다. 그동안 어떤 가치관을 갖고 성장했는지를 측정하는 지표가 되기 때문입니다. 또한 지금의 라이프스타일을 이해해야 앞으로 나아가고 싶은 방향에 맞게 바꾸어 나갈 수 있습니다.

라이프스타일에는 세 가지 요소가 있습니다.

- **자기 개념**: 나를 어떤 사람이라고 생각하는가(예: 나는 ○○다.)
- **세계상**: 주변 사람이나 환경에 관해 어떻게 생각하는가(예: 세상 사람들은 ○○다.)
- **자기 이상**: 자신과 주위 환경이 어떻게 되기를 바라는가(예: 나는 혹은 세계는 ○○여야만 한다.)

예를 들어 '자기 개념'은 '나는 한 아이의 아빠다', '나는 마케터다' 등의 역할부터 '나는 소극적이다', '나는 누구와도 대화를 잘 나눈다', '나는 낯가림이 심하다' 등의 특징까지 폭넓게 포함하는 개념입니다.

그리고 '세계상'은 '세상 사람들은 모두 친절하다', '세상은 냉정하다', '주위에 뛰어난 사람들이 많다' 등 자기 이외에 대한 인식을 말합니다.

마지막으로 '자기 이상'은 '나는 부자가 될 것이다', '나는 출세할 것이다', '나는 혼자 살아갈 것이다', '가족은 사이좋게 지내야 한다'와 같은 이상향을 말합니다.

아들러는 이처럼 '자신과 주위를 어떻게 인식하는지, 그리고 자신과 주위 환경이 어떻게 되는 것이 이상적인지'라는 세 가지 개념을 인지하고, 필요에 따라 재검토한다면 라이프스타일을 바꿀 수 있다고 생각했습니다.

특히 이 개념들에는 가족과의 관계가 큰 영향을 미칩니다.

가족은 아이가 인생에서 가장 처음 속하는 공동체입니다. 아이들에게는 '가족이 곧 세계'인 셈이지요. 아이들은 세상의 축소판 같은 가족과의 관계에서 자신은 어떤 사람인지, 주변 사람들은 어떤 사람들인지, 무엇이 좋고 나쁜지를 배웁니다.

참고로 아들러는 비슷한 연령대에서는 경쟁심이 생기기 때문에, 부모보다 형제자매에게 훨씬 더 큰 영향을 받는다고 말했습니다. 이러한 가족 구성원들 간의 관계 유형을 아들러 심리학에서는 '가족 구도'라고 합니다.

어디까지나 경향이겠지만, 첫째는 주목을 받고 싶어 하고, 주위의 기대에 부응하려고 하며, 지배적인 성향을 보입니다. 반면에 막내는 외로움을 많이 타고, 자기만의 방식을 관철하려고 하며, 다른 사람이 챙겨주는 것을 당연하게 생각하는 성향을 보입니다.

실제로 저는 장남인데 주위의 기대에 부응하려고 하는 편입니다. 또한 "자기보다 어린 사람을 돌보는 데 익숙하다"라는 말도 자주 듣는데, 이것 역시 첫째의 특징일지도 모릅니다.

단, 이러한 경향은 모두 단순한 특징일 뿐 바꿀 수 없는 특성이 아니라는 사실을 기억해야 합니다. 중요한 것은 앞서 언급했던 '부드러운 결정론'입니다. 인생은 스스로 그릴 수 있습니다. 자기 일은 스스로 결정할 수 있다는 아들러의 말을 잊지 마세요.

나의 라이프스타일에 대한 분석

저는 라이프스타일의 세 가지 요소에 대해 다음과 같이 생각했습니다.

- **자기 개념**: 온화하다, 나만의 속도로 느긋하게 행동한다, 경쟁을 싫어한다, 호기심이 왕성하다, 가르치거나 설명하는 것을 잘한다, 다른 사람의 이야기를 듣는 것을 좋아한다, 소극적이다 등
- **세계상**: 세상 사람들은 나에게 관심이 많지 않다, 세상에 마음이 맞는 사람은 소수다, 사람들 사이에 갈등이 끊이지 않는다 등
- **자기 이상**: 모두 사이좋게 지내야 한다, 세상에 공헌해야 한다, 나는 계속 성장해야 한다 등

이렇게 차근차근 분석해보니 저의 라이프스타일을 알 수 있었습니다.

저는 다른 사람과 쉽게 사귀는 편이 아닙니다. 그래서 소수의 사람과 깊은 관계를 맺는 것을 더 중요하게 생각했지요. 실제로 저는 꾸준히 만나는 사람들과 깊은 관계를 유지하는 편입니다. 하지만 결이 맞지 않는 사람과는 바로 관계가 소원해집니다. 또 제가 경쟁을 좋아하지 않고, 모두 평등하게 살기를 바란다는 사실도 깨달았습니다.

이러한 라이프스타일을 바탕으로 '앞으로 하고 싶은 일, 즉

목적'을 찾아보고 싶다는 생각이 들었습니다. 자신의 목적에 따라 라이프스타일을 바꿀 수 있고, 바뀐 라이프스타일에 맞게 행동하면 자기 이상에 가까운 미래를 실현할 수 있다는 사실을 깨달았기 때문입니다.

하고 싶은 일을 하는 행복

지금까지 인생은 스스로 결정할 수 있다는 점을 깨닫고, 라이프스타일을 기반으로 '나는 어떤 사람인가'를 파악했습니다. 그렇다면 이번에는 인생의 목적이나 하고 싶은 일이 무엇인지 생각해볼까요?

저는 다른 사람들이 다 대학에 가니까 대학에 갔고, 친구들이 직장 생활을 하니까 회사에 들어갔습니다. 그런데 이제 다른 사람이 아니라 제 의사로 삶을 결정하고 싶어졌습니다.

'내 인생의 목적은 뭘까? 하고 싶은 게 뭐지?'라는 생각이 들었지요. 그래서 회사 일 말고 다른 활동을 해보기로 결심했습니다.

저는 원래 자연을 좋아하고, 사회에 공헌하고 싶었기에 먼저 봉사 활동을 시작했습니다. 동일본 대지진의 피해 복구, 아이들과 함께 즐기는 캠핑이나 이벤트의 운영 스태프 등 다양한 자원봉사를 했지요.

그 밖에 캠프 지도자 자격도 취득하고, 야외 활동 지도사와 관련된 여러 활동도 했습니다. 그러나 활동 자체는 즐거웠지만, 일이라는 느낌이 들지 않아 직업으로 삼기는 어려웠습니다. 말로 표현하기 어렵지만, 마음 한구석이 채워지지 않는 느낌이었지요.

그래도 그동안 회사 일 이외의 활동이라곤 친구와 술을 마시거나 좋아하는 밴드의 콘서트를 가는 정도뿐이었기에, 스스로 결정한 일을 했다는 것만으로도 만족스러웠습니다. 당시에 어떤 일을 했고 어떤 감정을 느꼈는지, 지금도 생생하게 기억날 정도로 말입니다.

반대로 그냥 남들 따라 회사원이 된 뒤 5년 동안 제가 무슨 일을 했었는지 전혀 기억나지 않습니다. 제가 타인 축으로 지냈기 때문이지요.

더 해보고 싶은 일이 없을지 고민하던 저는, 그때 받고 있었던 코칭을 직접 배우기로 마음먹었습니다. 제가 다른 사람의 이야기를 듣는 걸 좋아한다는 사실을 깨달았기 때문입니다. 더 나아가 '목적론'을 바탕으로 생각하게 되면서, 다른 사람에게 코칭을 제공하면 보람찰 것이라 느꼈습니다. 그래서 바로 코칭 스쿨을 신청하였습니다.

사실 당시에 저를 위해 몇십만 엔을 투자한다는 것은 매우 큰 용기가 필요했습니다. 게다가 코칭 스쿨까지 거리가 멀어 상당한 교통비와 시간도 들여야 했습니다. 이전까지는 노는 데 주로 돈을 썼는데, 저를 위해 투자하니 '나도 바뀌었구나'라고 느껴졌지요.

저는 어떻게 큰돈을 과감하게 투자할 수 있었을까요? 그 이유는 제 안에 자기 결정성과 인지론이 확실하게 구현된 덕분이라고 생각합니다.

처음에 하고 싶은 일이 무엇일지 고민할 때는 '가족이', '회사가', '주변 사람들이'라며 온갖 변명을 떠올리기 바빴습니다. 하지만 그것은 자기 인생의 방향키를 다른 사람에게 맡기고 있는 것과 똑같습니다. 아들러 심리학을 통해 이 사실을 확실히 깨달았지요.

만약 당신의 일에 왈가왈부하는 사람이 아무도 없다면 어떻게 하고 싶나요? 그리고 시간과 돈을 자유롭게 쓸 수 있다면 무엇을 하고 싶나요?

이 질문에 대해 꼭 생각해보세요.

사람은 다양한 굴레에 속박되어 있습니다. '시간이 없다', '돈이 없다', '가족이 허락하지 않는다' 등 신경 쓰이는 요인이 매우 많습니다. 하지만 정말 하고 싶은 일은 그러한 조건을 모두 지웠을 때 떠오릅니다. 저 역시 저를 가두던 굴레에서 벗어난 뒤에야 '나의 꿈은 언제든 원하는 곳에 있는 것, 장소에 구애받지 않고 일하는 것'임을 깨달았습니다.

열등감이라는 돌을
디딤돌로 바꾸어라

코칭은 장소에 구애받지 않고, 언제든 원하는 곳에서 일할 수 있습니다. 화상 통화로도 충분히 코칭을 할 수 있으니까요. 게다가 다른 사람의 이야기를 듣는 것을 좋아하고, 상대를 도와줬다는 보람을 느끼고 싶은 저에게 코칭은 딱 맞는 일이었습니다.

한마디로, 코칭은 저의 가치관과 라이프스타일에 부합하는 일이 확실했지요. 그래서 코칭 스쿨에 많은 돈과 시간을 들여도 행복했습니다. 그렇게 저는 코치가 됐습니다. 그러나 뿌듯함도 잠시, 곧바로 좌절을 맛봤습니다.

처음에는 주위에 코치로 활동한다고 알리자, 학창 시절 친구 두 명이 저를 응원한다며 클라이언트가 되어 주었습니다. 또 X(옛 트위터)에 코치 활동 사실을 알렸더니 "받아보고 싶다"라고 말해주신 분도 있었습니다.

물론 너무 기쁘고 감사했습니다. 그러나 같은 시기에 시작한 다른 코치들과 비교하면, 저의 클라이언트 수와 수입이 모두 현저히 적었습니다. 게다가 저보다 나중에 코칭을 배운 사람이 저보다 먼저 코칭 자격을 취득하기까지 했습니다.

그때 저는 '열등감'을 느꼈습니다. 그토록 '나는 나, 타인은 타인'이라며 과제의 분리를 실천하고 있었는데, 다른 사람과 저의 실력을 비교하고 말았지요. 아직 아들러 심리학이 완전히 몸에 배지는 않았던 것입니다.

저는 다시 마음을 다잡았지만, 얼마 못 가 '어쩌면 코칭과 안 맞을지도 몰라'라며 우울해지고 말았습니다.

아들러는 열등감에 대해 많은 말을 남겼습니다.

"열등감을 핑계로 인생에서 도망치는 겁쟁이는 많다. 그러나 열등감을 발판 삼아 위대한 업적을 이룬 인물도 많다."

아마 들어본 사람도 있을 것입니다. 아들러는 열등감을 '건강한 노력과 성장에 대한 자극'이라고 정의했습니다. 열등감을 성장의 원동력으로 본 것입니다. 실제로 열등감은 향상심을 키우고 행동하게끔 만들기도 합니다.

다른 사람과 비교하는 게 무조건 나쁜 것은 아닙니다. 하지만 다른 사람보다 부족하다는 이유로 포기하려고 하면 안 됩니다. 꼭 기억하세요.

비교의 그늘 아래
자기 가치는 가려질 뿐이다

아들러는 열등감과 관련해 세 가지 정의를 내렸습니다.

- **기관 열등성**: 자신의 기관(신체)이 장애 등에 의해 다른 사람보다 열등한 것
- **열등감**: 주관적으로 자신의 일부를 다른 사람보다 열등하다고 생각하는 것
- **열등 콤플렉스**: 자신이 다른 사람보다 열등하다는 이유로 과제로부터 도망치는 것

아들러도 기관 열등성을 가지고 있었다고 합니다.

사실 아들러는 단순한 열등감을 긍정적으로 보는 편이었습니다. 이때 열등감에는 다른 사람과의 비교로 느낀 감정뿐만 아니라, 목표에 도달하지 못한 자신에게 품는 감정도 포함됩니다. 그렇기에 열등감을 '목표를 향해 더 나아가려는 자극'이라고 인식했지요.

다만, 아들러는 열등 콤플렉스만큼은 피해야 한다고 생각했습니다.

저는 세 가지 중 무엇을 느꼈을까요? 아마도 열등 콤플렉스

였을 것입니다. 생각보다 코칭으로 좋은 결과를 얻지 못하자, '나는 회사에 다니면서 하는 것이니, 다른 사람보다 성과가 나오지 않아도 괜찮아', '나는 딱히 자격증을 따고 싶은 건 아니야'라고 스스로에게 핑계를 댔던 것이 생각납니다. 그저 변명만 늘어놓으며 앞으로 더 나아가지 않으려고 했지요.

혹시 새로운 도전을 하기 전에 '나는 요즘 바쁘니까', '해야 할 일이 있으니까'라며 자주 핑계를 대진 않나요? 다시 말하지만, 아들러는 '이러이러해서 할 수 없다'라는 말은 인생의 거짓말이라고 했습니다. 할 수 없는 것이 아니라, 하기 싫어서 하지 않는 것입니다.

아들러 심리학에는 '결정 요인'과 '영향 요인'이라는 것이 있습니다. 이는 라이프스타일에도 해당하지요. 가령 기관 열등성이나 유전, 가정 환경 등은 영향 요인일 수는 있어도 자신을 결정하는 결정 요인은 아닙니다.

다시 말해, 제가 다른 코치들과 비교하며 느낀 열등감은 영향 요인이기는 해도, 그것이 저의 앞길을 결정하는 결정 요인은 아니라는 뜻입니다.

이러한 이유로 행동을 그만두는 것은 열등 콤플렉스를 느껴서 하는 변명일 뿐이지요. 그 사실을 알아차린 저는 다른 사람과 비교하는 것을 멈추었습니다. 그리고 타인과의 비교가 아닌, 저의 목표와 비교하기로 하였습니다.

목표를 이루었을 때의 모습을 구체적으로 그려라

다른 사람과 비교할 때는 제가 앞으로 어떻게 하고 싶은지 잘 몰랐습니다. 그저 제 부족한 모습에만 집중했지요. 절망의 늪에서 벗어나고자 '회사 월급 외에 월 5만 엔 벌기', '코칭 클라이언트 5명 모집하기' 같은 목표를 세웠지만, 그저 막연히 세운 것뿐이었습니다.

그래서 계속 제자리걸음이었습니다. 사실 성공할 수 없는 목표였습니다. 아직 수입이 없을 때였는데 갑자기 월 5만 엔이라는 목표를 정한 것부터 무리였지요. 어떻게 해야 그 돈을 벌 수 있는지조차 몰랐으니까요.

그래서 저는 생각의 방향을 바꿨습니다. '나는 월 5만 엔을 벌어서 뭘 하고 싶지?', '클라이언트 5명을 모아서 어떻게 하고 싶은 걸까?'를 생각했지요.

'이 목표를 이루면 어떻게 될까?', '나는 목표를 달성하면 어떤 행동을 할까?'는 코칭에서 클라이언트에게 자주 묻는 질문입니다. 목표를 이루었을 때의 모습을 뚜렷하게 그릴수록 달성 가능성이 높아지기 때문입니다.

사실 저는 일이 잘 안 풀릴 때 '원인론'의 관점으로 접근했습니다. '왜 돈을 벌지 못할까?', '왜 클라이언트 수가 늘지 않지?', '뭐가 잘못됐을까?'라며 원인만 생각했습니다. 그러나 이런 생각들은 의욕을 떨어뜨리고, 마음을 초조하게 만들 뿐입니다. 실제로 당시 저는 코치에게 "이번 달도 목표를 달성하지 못했어요"라고 불안한 마음을 털어놓기 일쑤였습니다.

의욕이 생기지 않는 이유는 통제할 수 없는 일에 휘둘리기 때문입니다. 즉, 목표 달성의 가능성을 자신이 아닌 외부 환경에 맡기기 때문이지요.

예를 들어 '부업으로 월 5만 엔 벌기'나 '클라이언트 5명 모집'은 구체적이지만 좋은 목표는 아닙니다. 왜냐하면 목표를 달성할 수 있을지를 스스로 통제할 수 없기 때문입니다. 사실 부업으로 월 5만 엔을 벌 수 있을지는 자신의 상품이나 서비스를 클라이언트가 이용해주는가에 달려 있습니다. 클라이언트의 선택을 제가 정할 수는 없지요.

실제로 코치로 막 활동을 시작했을 무렵에는 목표를 달성할 수 없었습니다. 그래서 '내 노력이 부족했다', '나는 안 되는구나'라며 자기 부정을 했지요. 물론 제 노력이 부족했을지도 모르지만, 최종적으로 저의 클라이언트가 될지는 상대의 선택에 달려 있습니다.

이처럼 당시 저는 스스로 통제할 수 없는 것에만 집착하며 '모 아니면 도'의 상황에 시달렸습니다. 과제의 분리가 되어 있지 않았던 셈입니다.

모두에게
중요한 존재일 필요 없다

아들러 심리학의 목적론에서는 사람의 사고와 감정, 행동에 모두 목적이 있다고 말합니다. 그렇다면 '월 5만 엔'과 '클라이언트 5명'이라는 목표에는 어떤 목적이 있었을까요?

저는 그 목적을 파악하기 위해 '나는 어떤 사람인가'를 다시 돌아보았습니다. 그리고 마침내 한 가지 답을 찾아냈습니다. 저는 자신감을 얻고 싶었습니다. 회사의 명성에 의존하지 않고, 혼자만의 힘으로 돈을 벌어서 충분히 살아갈 수 있다는 자신감이 필요했지요.

그 사실을 깨닫고 나니 한 달에 얼마를 더 벌든 상관없겠다는 생각이 들었습니다. 물론 많이 벌면 좋겠지요. 하지만 처음에는 몇천 엔만 벌어도 자신감을 얻을 수 있다는 점을 알고 나니 긴장이 탁 풀렸습니다. 그렇게 저는 금액에 대한 목표를 포기할 수 있었습니다.

'클라이언트 5명 모집'이라는 목표에는 '다른 사람에게 중요한 존재가 되고 싶다'라는 목적이 있었습니다. 1명보다도 5명, 5명보다도 10명의 클라이언트를 모아야 제 가치를 인정받는 기분이 들 것 같았지요.

하지만 '세상 모든 사람에게 중요한 존재가 되고 싶은가?'

를 곰곰이 고민해보니 그렇지 않았습니다. 그보다 저는 가까운 사람들에게 도움을 주고 싶었습니다.

앞에서도 말했듯이, 저는 많은 사람과의 교제에는 서투른 편입니다. 그래서 5명의 클라이언트보다 1명과 깊이 대화를 나누고 도움을 주고 싶었지요. 그런 저의 바람을 깨닫고 '클라이언트 5명 모집'이라는 목표도 놓게 되었습니다.

애초에 저는 적극적으로 모객 활동을 하기 어려웠습니다. 일면식도 없는 사람에게 저를 홍보하기 위해 홈페이지를 제작하거나 SNS에서 활발하게 활동하는 일에는 도저히 의욕이 생기지 않았지요. 그런데도 많은 클라이언트를 찾고 싶었기에 견디며 노력했습니다. 다시 말하면, 사실은 하고 싶지 않은 일을 하고 있었던 셈입니다.

그래서 저는 목표를 바꿨습니다. 첫째, 새로운 클라이언트 모집보다, 가까운 사람에게 먼저 다가가기(SNS 등에서 코칭의 좋은 점을 계속 알리기). 둘째, 지금 있는 클라이언트에게 고마운 마음을 갖고, 돈을 번다는 것에 감사하기. 이렇게 두 가지 목표를 세웠지요.

목표를 제가 통제할 수 있는 행동 안에서 설정하고, 수치적인 목표는 세우지 않았습니다. 그리고 새로운 사람에게 코칭의 매력을 알리기보다 지인들에게 퍼뜨렸지요. 그 덕에 친구의 소개로 새로운 클라이언트도 만나게 되었습니다.

숫자는 행복의
필수 조건이 아니다

 물론 구체적인 수치를 목표로 잡는 것도 중요합니다.
 숫자는 거짓말을 하지 않습니다. 숫자는 그동안 해온 일들의 결과를 나타내기도 하고, 자신이 얼마나 성장했는지 보여주는 지표가 되기도 합니다. 다만, 수치에 너무 매달리면 쉽게 의지를 잃을 수 있습니다.
 따라서 스스로 통제할 수 있는 목표를 함께 세우는 편이 좋습니다. 그러면 '비록 목표 수치를 달성하진 못했지만, 그것을 달성하기 위한 노력(예를 들어, 매일 경영 서적을 읽고 공부하기)은 꾸준히 실천했는지' 되돌아볼 수 있습니다.
 목표 수치를 달성하지 못했어도 꾸준히 노력했다면, 목표의 절반은 달성한 것이나 마찬가지입니다. 그만큼 좌절감도 줄어들지요. 만약 노력조차 하지 못했다면, 무엇을 개선해야 할지 파악해야 합니다.
 앞에서도 말했듯, 저 역시 목표 수치에만 매달렸을 땐 너무나 괴로웠습니다. '이번 달에도 실패했다', '제대로 노력한 걸까?'라는 좌절감과 자책감에 빠져 지내곤 했지요.
 그러나 스스로 통제할 수 있는 목표를 설정하고 나선 의욕적으로 목표를 좇게 되었습니다. 비록 당시에는 결과가 좀처럼 따라주지 않았지만, 우울해하거나 자책하지는 않았습니다. 그러자 점차 일이 잘 풀리기 시작했습니다.

셋째 달까지의 변화

- 하고 싶은 일을 발견하여 하루하루를 좀 더 충실히 보내게 되었다.
- 다른 사람과 비교하며 품었던 열등감을 떨쳐버렸다.
- 클라이언트 수를 늘리는 것보다 한 사람과 깊은 대화를 나누고 싶어졌다.

가까운 주변 사람 5명의
평균이 '나'다

목표를 이루었을 때의 모습을 뚜렷하게 그릴수록 달성 가능성이 높아진다고 말한 것 기억하나요? 이른바 '끌어당김의 법칙'입니다. 이유는 간단합니다. 목표를 이루었을 때의 이미지를 자세하게 그리면 사고방식이 달라지기 때문입니다.

가령 자신의 사업을 성공시키고 싶은 창업가가 있다고 해봅시다. 그가 목표를 가장 쉽게 구체화하는 방법은 이미 그 목표를 이룬 사람들과 시간을 자주 보내는 것입니다. 자신이 생각하기에 이상적인 삶을 사는 사람과 가까이 지내다 보면, 점차 그들처럼 생각하게 됩니다. 그렇게 꿈에 가까워지는 것이지요.

"가까운 주변 사람 5명의 평균이 '나'다"라는 말을 들어본 적이 있나요? 저는 사람의 사고방식도 똑같다고 생각합니다. 창업하고 싶은 사람이 항상 직장인하고만 어울린다면 창업가의 사고방식을 익히지 못할 것입니다. 그러면 아무리 시간이 흘러도 사업을 시작하지 못하겠지요. 창업하고 싶다면 실제로 사업을 해본 경험자들과 어울리는 편이 좋습니다.

저도 '장소에 구애받지 않고 자유롭게 일하고 싶다'라고 생각했을 무렵에 그러한 삶을 사는 코치의 행사에 참여하거나 행사 참가자와 연락하며 지냈습니다. 그렇게 하니 '이걸 하고 싶다'에서 '이걸 해야지'라고 생각이 바뀌었고, 점점 '나도 이렇게 일해야 한다'라고 마음을 굳히게 되었습니다.

이러한 변화는 매우 중요합니다. '나도 충분히 할 수 있다'라고 스스로에게 용기를 준다면 이미 꿈을 이룬 사람처럼 생각하고 행동하게 될 것입니다. 제가 지금 자유롭게 일하듯 말입니다.

4장

누구와 함께하느냐에 따라 인생의 깊이가 달라진다

넷째 달부터 여섯째 달까지, 마침내 나를 지킬 용기를 내다

× × ×

분홍색 렌즈의 안경을 낀 사람은
세상이 분홍색이라고 착각한다.

× × ×

곁에 둘 사람을 선택하는 것은 곧 미래를 선택하는 것이다

넷째 달부터 여섯째 달까지의 상황
- 고민의 실체를 몰랐다.
- 비슷한 꿈을 가지고 함께 나아가는 동료가 적었다.
- 싫은 사람과의 관계를 억지로 견뎠다.

이미 짐작하겠지만, 저는 인맥이 넓지 않았습니다. 어린 시절부터 친한 친구들 몇 명과 회사를 다니며 가까워진 동료들이 인맥의 전부였지요. 그런데 인생의 목표를 세운 그 무렵, 인간관계에도 새로운 변화가 생겼습니다.

코칭 스쿨에서 만난 코치들, 비슷한 시기에 코칭을 배우기 시작한 동료들과 아주 좋은 관계를 맺게 된 것입니다. 저와 마찬가지로 적지 않은 돈을 내고 자기에게 투자하는 사람들이기에, 어쩌면 마음이 맞는 것은 자연스러운 일이었습니다. 게다가 코칭이라는 연결 고리도 있었지요.

인간관계는 자신이 뿜어낸
에너지의 결과물이다

강의가 없는 날에도 그들과 함께 코칭 연습도 하고, 밥을 먹으며 꿈에 관해 이야기를 나누는 등 알찬 시간을 보냈습니다. 그전까지는 회사 동료나 학창 시절의 친구들과만 교류했는데, 새로운 인간관계가 생긴 것입니다.

하고 싶은 일을 시작하면 인간관계에 변화가 생깁니다. 비슷한 사람들끼리 어울리기 마련이지요.

저는 이 사실을 실감했습니다. 물론 그전까지의 인간관계가 싫지는 않았습니다. 동료와 술자리에서 업무 얘기를 나누거나, 친구들과 가벼운 마음으로 놀러 가는 것도 좋아했지요. 저에게는 모두 소중한 시간이었습니다. 그러나 마음을 가득 채운 관계는 처음이었습니다. 같은 목적을 가지고 나아가는 사람이 주는 특별한 에너지를 느꼈지요.

SNS에서의 관계도 달라졌습니다. 원래 저는 SNS에 취미 생활이나 최근에 겪었던 일 정도만 적었습니다. 친한 지인들과 일상을 공유하는 정도였지요. 그런데 코칭에 관한 글을 쓰기 시작하면서 한 번도 만난 적 없는 코치님과 이야기를 나누게 되었습니다. 나아가 아들러 심리학을 실천하고 얻은 깨달음을 공유하자, 저의 글에 공감하는 사람들이 곁에 많아졌지요.

아들러 심리학의 '대인관계론'에서는 '모든 사고와 감정, 행동의 끝에는 사람이 있다'라고 말합니다.

SNS의 게시물도 마찬가지입니다. 그 글이 도달하는 곳에는 사람이 있습니다. 긍정적인 말을 하면 긍정적인 반응이 돌아오고, 부정적인 말을 하면 부정적인 반응이 돌아오지요. 그리고 자신의 글에 공감한 사람들이 다가옵니다. 인간관계는 결국 자신이 뿜어낸 에너지의 결과물인 셈입니다.

모든 고민은
인간관계에서 비롯된다

아들러는 모든 고민이 인간관계에서 비롯된다고 봤습니다. 언뜻 보면 돈에 관한 고민처럼 보이고, 진로에 관한 고민처럼 보여도 그 끝에는 사람이 있다고 생각했지요.

예를 들어, 월급이 오르지 않아서 고민한다고 해볼까요? 이 고민을 깊게 파고들면 진짜 속마음을 마주할 수 있습니다. '돈을 더 많이 벌어 가족을 편하게 해주고 싶다' 혹은 '돈을 많이 벌어 주위 사람들에게 존경받고 싶다' 같은 마음이지요. 즉, 고민이 다른 사람과 이어지는 것입니다.

인간은 다른 사람과 관계를 맺으며 살아갑니다. 완전히 고

립된 채 살아가긴 힘들지요.

앞에서도 말했듯 라이프스타일은 그 관계 속에서 형성됩니다. 즉, 사람은 다른 사람과의 관계 속에서 생각, 감정, 행동을 만들어나갑니다. 그러니 만약 고민이 생기면 다른 사람과의 관계를 살펴보세요. 그 안에서 원인을 찾을 수 있을 것입니다.

저 역시 코칭으로 월 5만 엔을 벌지 못해 고민하던 시기가 있었습니다. 지금 돌이켜보면, 그 고민은 그만큼 버는 사람들에게 열등감이나 질투를 느껴 생긴 것이었습니다. 다시 말해 고민 안에 다른 사람이 존재했던 것이지요.

저는 대인관계론이 목적론과도 밀접하게 연관된다고 생각합니다. 목적론은 사람의 사고, 감정, 행동에는 모두 목적이 있다는 개념이니, 대인관계론과 굉장히 비슷하지요. 두 개념을 다시 간단히 살펴볼까요?

- **대인관계론**: 사람의 사고, 감정, 행동의 끝에는 사람이 있다.
- **목적론**: 사람의 사고, 감정, 행동에는 모두 목적이 있다.

두 개념을 종합해 정리하면 '사람의 사고, 감정, 행동의 끝에는 다른 사람에 관한 목적이 존재한다'라고 할 수 있습니다. 이처럼 대인관계론과 목적론은 서로를 보완하며 인간의 심리와 행동을 설명해주지요.

아들러 심리학에서는 '인간은 소속에 대한 욕구가 가장 강하다'라고 봅니다. 사람은 사회적 동물입니다. 따라서 자신이 필요한 집단에 소속되어 안정감과 행복감을 얻지요. 이 욕구가 충족되지 않으면, 주목받으려고 못된 장난을 치거나, 다른 사람에게 인정받기 위해 권력 다툼을 하기도 합니다. 이러한 행동은 처음부터 악의를 품은 행동이라기보다, 잘못된 방식으로 소속감을 추구하는 것이라고 볼 수 있습니다.

잊지 마세요. 인간의 모든 고민은 인간관계에서 비롯됩니다. 따라서 고민이 생겼을 때에는 '누가 어떻게 해주기를 바라는가?'라는 대인관계에 관한 목적을 생각하면 진짜 이유를 찾을 수 있습니다.

예를 들어, 저는 거절을 어려워해 자주 고민하는 편입니다. 누군가에게 부탁을 받으면 거절하고 싶지만 승낙할 때도 많지요. 이는 상대에게 미움받고 싶지 않다는 마음 때문입니다.

그리고 직장에서 불평만 늘어놓는 사람을 보며 '왜 계속 부정적인 말만 하지?'라는 생각에 상대와의 관계를 고민한 적도 있습니다. 사실 그 안에는 상대가 제 기분을 신경 써주기를 바라는 마음이 있었습니다.

사소한 고민이든 큰 고민이든, 그 끝에는 반드시 사람이 있다는 사실을 기억하세요. 그 사람에 대한 사고, 감정, 행동을 생각하면 고민의 뿌리를 찾아 없앨 수 있습니다.

목표를 이루는 데 인간관계는 굉장히 큰 영향을 미칩니다. 인간관계는 자신의 목적에 맞게 바꿔나갈 수 있습니다. 아니, 바꿔나가야 합니다.

저는 아들러 심리학을 알기 전엔 부정적으로 생각할 때도 많았고, 함께 성장할 수 있는 동료도 별로 없었습니다. 그래서 함께 성장할 만한 동료들을 찾기 위해 제가 먼저 움직였습니다. 제 꿈을 이루기 위해서였지요.

곁에 둘 사람을 선택하는 것은 곧 미래를 선택하는 것입니다. 누구와 가까이 지내느냐에 따라 미래가 달라지지요. 그리고 그 관계를 결정하는 데 큰 영향을 미치는 요소가 '말'입니다. 그래서 저는 사용하는 말과 만나는 사람을 바꾸었습니다. 그러자 제 일상이 바뀌기 시작했지요.

무심코 내뱉는 말이
인연을 바꾼다

불평하는 사람 주위에는 불평하는 사람들이 모이고, 미래를 얘기하는 사람 주위에는 미래지향적인 사람들이 모입니다. 일상뿐만 아니라 온라인상에서도 마찬가지지요. 그래서 저는 제 목적에 맞는 사람들과 어울리기 위해 사용하는 말을 바꾸었습니다.

먼저 "할 수 없다", "하지만", "최악이다", "말도 안 돼"와 같은 부정적인 말은 되도록 사용하지 않았습니다. 이런 말을 사용할 때는 SNS에서도 부정적으로 말하는 사람들과의 교류가 많았기 때문입니다.

그리고 "할 수 있다", "설렌다", "하고 싶다", "최고다"라는 긍정적인 말을 많이 했습니다. 그러자 놀랍게도 평소에 긍정적으로 말하는 사람들과의 교류가 늘어났습니다. 미라클 모닝을 하는 사람들과도 친해졌지요. 더 나은 미래를 위해 함께 노력하며 응원해줄 동료들이 많아진 셈입니다.

그렇게 열심히 사는 사람들과 가까이 지내며 여러 도움을 얻었습니다. 예를 들어, 저는 원래 하루에 두 시간만 공부하면 충분하다고 생각했습니다. 그런데 하루 네다섯 시간씩 공부하는 사람을 보니 '나도 더 노력해야겠구나'라는 생각에 의욕이 샘솟았습니다. 반대로 의욕이 떨어질 때는 "그럴 때도 있어"라며 그들에게 따뜻한 위로도 받았지요.

그 덕분에 이제 저도 매일 아침 5시에 일어나 공부와 독서를 하고 있습니다. 하지만 예전의 일기를 보면 '자정 전에 잠들어 아침 6시에 일어나기'라는 목표가 적혀 있지요. 그때는 6시에도 일어나지 못했던 제가 미라클 모닝을 하는 사람들과 교류하면서 부지런히 지내게 된 것입니다.

바뀐 일상에 적응하면 변화를 알아차리기 어렵습니다. 얼마나 변했는지 알고 싶을 땐 옛날에 자신이 적었던 SNS의 글이나 일기를 다시 읽어보세요.

이처럼 저는 사용하는 말을 바꿨을 뿐인데 사고방식과 행동이 변했고, 인간관계도 바뀌었습니다. 덕분에 지금은 일이 잘되지 않을 때나 의욕이 생기지 않을 때 서로 이끌어줄 동료가 있어 든든합니다. 만약 계속 부정적인 말을 사용했다면 긍정적인 사람들과 만나지 못했겠지요. 아마 성장하지도 못했을 것입니다.

인생의 목적이 분명한 자는
자기를 채워줄 사람을 만난다

다음으로 저는 만나는 사람을 신경 쓰기 시작했습니다. 제 인생의 목적에 맞는 사람을 선택했지요.

"인생의 목적에 따라 만나는 사람을 선택하라"라는 말이 조금 냉정하게 들릴지도 모릅니다. 그러나 인생의 목적과 맞지 않는 사람을 만나는 것은 시간 낭비일 뿐입니다.

저는 '계속 성장하고 싶다'라는 목표를 위해 함께 성장할 수 있는 사람들에게 집중했습니다. 그래서 학창 시절 친구들

가운데 지금까지 연락하는 친구들은 한 손에 꼽을 정도입니다. 제가 새로운 도전을 하면 진심으로 응원해주고, 고민이 있을 때는 이야기를 들어주는 소중한 사람들이지요. 저 역시 그들의 도전과 성장을 진심으로 응원합니다.

물론 성장보다 여유로운 삶을 목표로 하는 것도 나쁘지 않습니다. 다만, 그런 사람들 역시 자신과 비슷한 사람들과의 교류를 늘리면 좋습니다. 인간관계에 단 하나의 정답은 없습니다. 자신의 목적에 맞는 인간관계를 쌓으면 되지요.

그리고 저는 다양한 공동체에 속하기를 추천합니다. 취미 활동이나 자기 계발, 공부에 관한 모임에 들어가보세요. 만약 잘 맞는 여러 공동체에 속한다면 힘든 일이 생겨도 충분히 극복할 수 있습니다.

가령, 회사에서 기분 나쁜 일이 생겨도 부정적인 감정에 파묻히지 않을 수 있고, 한 모임에 싫어하는 사람이 생겨도 다른 모임으로 가면 될 뿐입니다. 이처럼 여러 선택지가 존재한다면 마음의 안정을 얻기 훨씬 쉽습니다.

지금까지 제가 한 노력들을 살펴봤습니다. 이제 본격적으로 아들러 심리학을 실천하고 인간관계에 생긴 몇 가지 변화를 소개하겠습니다.

자기를 지키는 것이야말로
가장 고귀한 용기다

목적론의 시각에서 보면 사람은 누구나 목적을 가지고 행동합니다. 다시 말해, 내가 싫어하는 사람도 그 사람 나름의 목적이 있다는 의미입니다.

가령 다른 사람을 괴롭히거나 강약약강의 태도로 행동하는 사람, 다른 사람의 험담을 자주 하는 사람, 쉽게 욱하고 이기적인 사람도 어떤 목적을 위해 행동하는 거지요.

괴롭힘은 단순히 스트레스를 풀기 위한 행동일 수도 있고, 이기적인 태도는 다른 사람을 통제하여 우월감을 느끼려는 것일 수도 있습니다.

세상에는 매우 다양한 사람이 삽니다. 가치관은 사람의 수만큼 존재한다고 해도 과언이 아니지요. 그래서 다른 사람을 완전히 이해하기는 매우 어렵습니다.

무엇보다 자신을 힘들게 하는 인간관계 때문에 고민하며 시간을 허비하기에는 인생이 너무나 짧습니다. 그래서 과제의 분리가 필요합니다.

다만 과제의 분리를 할 때 주의할 점이 있습니다. 1장에서도 말했듯 나에게 직접적인 피해가 온다면, 그것은 나의 과제가 되기도 하므로 '공통의 과제'로 대처해야 하지요.

예를 들어, 직장에서 명백한 괴롭힘을 당하고 있다고 해봅시다. 만약 마음과 몸의 건강에 영향을 줄 정도로 심각한 상황이라면 그곳에서 벗어나야 합니다. 자신이 피해를 받는다면 그 상황은 이제 '자신의 과제'입니다. 이때는 자신을 지키는 데 전념해야 하지요.

회사가 인생의 전부는 아닙니다. 간혹 '회사를 그만두면 지금보다 더 힘들 것이다'라며 불안해하는 사람도 있습니다. 경기가 안 좋을수록 퇴사를 망설이는 사람이 많지요. 하지만 이런 상황에서도 정말 버텨야 할까요?

오늘날 우리 사회는 개발도상국에 비하면 풍요롭습니다. 심지어 아르바이트만으로도 충분히 먹고살 수 있지요. 어떤 직종이라도 괜찮다고 생각한다면, 일자리를 구하지 못해 생계가 어려워질 일은 거의 없습니다.

특히 사회 초년생 때는 '회사가 전부'라고 생각하기 쉽습니다. 저도 그랬지요. 하지만 지역 자원봉사나 코칭 세미나에 참석하며 회사 밖의 사람들과 만나다 보니, 세상을 보는 눈이 넓어졌습니다. 더 나아가 외부의 시선으로 제 상황을 바라보고 냉정하게 판단할 수 있었습니다. 이 역시 여러 공동체에 들어가기를 추천하는 이유입니다.

타인을 바꾸려는 순간
내면의 평화는 깨진다

그렇다면 '회사를 그만둘 정도까지는 아니지만, 조금 껄끄러운 사람'이 있을 땐 어떻게 해야 할까요? 아마 함께 지내는 수밖에 없을 것입니다. 그럴 때 저는 저부터 달라지려고 노력합니다. 실제로 제가 겪었던 일을 이야기해보겠습니다.

옛날에 다니던 직장에 남에게 책임을 전가하는 사람이 있었습니다. 그는 절대로 자기 잘못을 인정하지 않았습니다. 심지어 자신의 실수를 제 탓으로 돌려 제가 혼난 적도 있지요.

저는 그의 행동을 도저히 이해할 수 없었지만, 따져봤자 서로 추한 모습만 보일 것 같아 그냥 꾹 참았습니다. 마음속으로 **'상대방은 바꿀 수 없다. 바꿀 수 있는 것은 오직 나뿐'**이라는 아들러 심리학의 정신을 수없이 되뇌었지요. 그리고 지금의 상황을 바꾸기 위해 제가 무엇을 할 수 있을지 고민해봤습니다.

저는 제일 먼저 '이 사람과 어떤 관계를 유지하고 싶은가?'를 생각했습니다. 저는 근무지를 이동하는 부서라 계속 같은 사람과 일하지 않았습니다. 따라서 이 사람과 무리해서 좋은 관계를 유지할 필요는 없었지요. 그러나 업무 처리를 위해 원활하게 소통해야 하는 상대였습니다.

그래서 저는 그 사람에 대한 껄끄러운 마음을 꾹 누르고, 제

일을 잘 처리하는 데 집중했습니다. 비록 저에게 책임 전가된 실수는 제 업무가 아니었지만, 그 사람과 적극적으로 소통하려고 노력하며 정보를 공유했습니다.

그러자 놀랍게도 그의 실수가 점점 줄어들었고, 저에 대한 태도도 부드럽게 변했습니다. 그는 마치 저를 아군처럼 대하면서, 더 이상 저에게 책임을 떠넘기지도 않았습니다. 그래서 그와의 관계도 좋아졌지요.

"타인은 바꿀 수 없다"라고 말했지만, 자신의 행동을 바꾸면 그 결과로 상대방의 행동도 바뀔 수 있습니다. 그러니 만약 싫어하는 사람이나 마음이 맞지 않는 사람이 있다면, 자신의 행동을 바꾸고 그를 대해보세요. 그러면 상대의 태도도 변할지 모릅니다.

특히 도저히 관계를 끊을 수 없는 사람이라면, 자신의 행동을 바꾸려고 노력해보기 바랍니다. 바꿀 수 있는 것은 자기 자신밖에 없습니다.

내면에 존재하는 것은
사실이 아니라 그에 대한 해석뿐이다

좋은 인간관계를 만드는 데 특히 많은 도움을 준 개념은 '인지론'입니다. 인지론은 '사람은 각자 자기만의 색안경을 통해 대상을 본다'라는 개념이지요.

혹시 '같은 말을 해도 왠지 이 사람이 말하면 짜증 나'라고 생각한 적 있지 않나요? 저는 있습니다……. 그렇게 느끼는 이유는 상대방을 '싫어하는 사람'이라고 인지했기 때문입니다. 즉, '싫어하는 사람'이라는 필터를 통해 상대를 보니 그 사람의 말과 행동이 모두 부정적으로 느껴지는 것이지요.

신혼부부를 생각해볼까요? 신혼 때는 배우자가 집안일을 하지 않아도 너그럽게 넘기는 사람들이 많습니다. 상대가 바쁘다거나 힘들다는 등의 이유를 추측하며 이해하고 넘어가지요. 그러나 시간이 흐르면 달라집니다. 신혼 때와 똑같이 집안일을 하지 않은 것인데 "집안일을 하지 않다니, 용서할 수 없어!"라며 화내는 사람이 많지요.

왜 똑같은 상황인데 다르게 반응하는 걸까요? 그 이유는 자신의 인지가 달라졌기 때문입니다.

이런 문제를 겪지 않기 위해서는 사실과 감정을 분리해서 생각하는 것이 중요합니다. 예를 들어, 약속에 자주 늦는 친구에게 화났다고 가정해봅시다. 이 상황에 대해 사실과 감정을 나누어볼까요?

- **사실**: 친구가 약속에 자주 늦는다.
- **감정**: 늦는 게 처음도 아니고, 몇 번이나 나를 기다리게 하다니. 미안하지도 않나?(나를 조금 더 소중히 여겨줬으면 좋겠다.)

이처럼 '친구가 약속에 자주 늦는다'라는 사실에 대해 '나를 조금 더 소중히 여겨줬으면 좋겠다'라는 감정을 스스로 만들어낸 것입니다.

아들러는 "감정도 스스로 결정할 수 있다"라고 말했습니다. 감정도 어떻게 인지하느냐에 따라 얼마든지 바꿀 수 있습니다. 사실과 감정을 분리하지 않은 채, 감정에 휩싸여 그저 상대를 비난하면 관계는 당연히 나빠지기 마련입니다.

가령 자주 늦는 친구에게 "몇 번이나 늦는 거야! 넌 정말 구제 불능이구나"라고 다그치면 말싸움이 되기 십상이지요. 물론 그렇다고 계속 참는 것도 정신 건강에 좋지 않습니다.

이럴 땐 사실과 감정을 분리한 후, '나는 이렇게 생각해'라고 전해보세요. 예를 들어 "내 시간도 소중하니 늦지 않고 제시간에 오면 좋겠어"라고 말하는 거지요. 그러면 싸우지 않을 것입니다.

물론 짜증이 났을 때 냉정하게 생각하기는 어려울 테지요. 하지만 감정적인 상태에선 일을 그르치는 경우가 많습니다. 그러니 잠시 감정을 추스르는 시간을 가져보세요. 자신의 인지과정을 한 차원 높은 시각에서 바라보는 '메타인지' 훈련을 하듯이 말입니다. 그렇게 객관적인 시선으로 바라보면 침착하게 대처할 수 있습니다.

사실과 감정의 분리는 인간관계뿐만 아니라 꽤 다양한 고민을 해결해줍니다.

예를 들어 '야근이 잦아서 괴롭다'라는 고민을 살펴볼까요? 이때 '잦은 야근'은 사실, '괴로움'은 감정입니다. '야근이 잦아서 괴롭다'라는 건 자신의 해석이지요. 실제로 야근이 잦아도 힘들어하지 않는 사람들도 있습니다. 이 점을 보면 '잦은 야근'과 '괴로움'을 연결하는 것은 자신의 해석임을 알 수 있지요.

이처럼 사실과 감정을 분리해보면 진정으로 원하는 것이 무엇인지 보입니다.

'자유 시간을 없애는 잦은 야근이 괴롭다'라는 생각에 감정이 휘둘리면 충동적으로 이직을 결심할지도 모릅니다. 그러나 '시킨 일만 하면서 시간을 허비하는 것이 싫다. 그래서 잦은 야근이 괴롭다'라고 생각하면 지금의 업무 방식을 어떻게 바꾸면 좋을지 해결 방법을 찾아볼 것입니다.

사실과 감정을 분리했을 때 비로소 자신의 '인지'를 깨달을 수 있습니다. 그러고 나면 '어떻게 하고 싶은가'라는 목적을 확실히 파악하게 됩니다.

이렇듯 아들러 심리학의 인지론과 목적론을 조합하면 꽤 많은 고민을 해결할 수 있습니다.

나에게 상처를 줄 수 있는 건 오직 나 자신뿐

누군가에게 상처를 받았거나, 다른 사람과 비교하여 열등감을 느껴 힘들 때가 있지요. 저는 이럴 때 "나에게 상처를 줄 수 있는 건 오직 나뿐"이라며 스스로를 다독입니다.

이유 없이 비난을 받거나 SNS에서 중상 비방의 대상이 되면 당연히 상처를 받겠지요. 하지만 아들러 심리학의 인지론은 그 일로 상처를 받을지는 자신에게 달렸다고 봅니다.

똑같이 비난을 받아도 상처받는 사람과 상처받지 않는 사람이 있습니다. 가령 "넌 정말 일을 못 하는구나"라는 말을 들어도, 자신은 유능하다고 믿는다면 그 말을 신경 쓰지 않을 것입니다. 또 부모님에게 "넌 결혼도 안 하고 뭐하니?"라는 말을 들어도, 자신을 사랑한다면 상처받지 않겠지요.

이처럼 진심으로 자신을 사랑하고 존중하면 쉽게 상처받지 않습니다. 자신을 깎아내리는 말에 상처를 받을지, 아니면 '난 그렇게 생각하지 않아'라며 가볍게 넘길지는 자신의 선택입니다. 꼭 기억하세요. 자신에게 상처를 줄 수 있는 건 오직 자기 자신뿐입니다.

저는 아들러 심리학을 공부할 때 이 마음가짐의 중요성을 크게 실감했습니다. 당시 저는 마음을 건강하게 만들어주는 글을 SNS에 자주 올렸습니다. 그런데 SNS 팔로워가 늘어나니 "듣기 좋은 말만 한다", "말장난이다"라며 제게 공격적으로 말하는 사람이 생겼습니다.

사실 처음 그런 말을 들었을 땐 많이 속상했습니다. 하지만 머지않아 신경 쓰지 않게 되었지요. 저는 아들러 심리학과 코칭을 좋아하고 잘할 자신도 있었기 때문입니다.

이처럼 감정과 사건에 대한 해석은 스스로 결정할 수 있습니다. 사건의 의미는 개인의 사고방식과 가치관으로 결정됩니다.

자신을 어떻게 평가하냐에 따라 자신에 대한 주위 사람들의 평가도 달라집니다. 만약 '나는 쓸모없는 인간이야'라고 스스로 깎아내린다면 주변 사람들도 나를 똑같이 대할 것입니다.

따라서 다른 사람들이 자신을 소중히 대해주기를 바란다면 자기 자신을 소중히 여겨야 합니다. 무례한 사람을 만나지 않는 것도 좋은 방법이지만, 자신을 소중하게 대하는 것만큼 확실하고 간단한 방법은 없습니다.

사실 저 역시 이렇듯 현명하게 행동하는 게 처음엔 어려웠습니다. 그래서 위축될 때면 아들러의 말을 떠올렸지요.

"중요한 것은 무엇을 가지고 태어났느냐가 아니라, 주어진 것을 어떻게 잘 다루느냐이다."

자신에게 없는 능력을 갖기 위해 애쓸 필요는 없습니다. 특별한 재능이 없다고 해서 자신감이 생기지 않는 것도 아닙니다. 지금 자신이 가진 능력만으로도 충분합니다.

입버릇처럼 "나 따위는……"이라고 말하는 사람은 '다른 사람에게 도움을 줘야만 한다'라는 생각에 안간힘을 쓰고 있거나, 불가능한 목표를 향해 달리고 있는 것입니다. 그래서 쓸데없이 자신을 깎아내리는 것이지요. 만약 자신을 사랑하고 자신감을 가지고 싶다면 작은 성공에 주목해보세요.

가령 '5분이라도 공부했다', '아침에 일찍 일어났다', '혼자서 밥을 차렸다'처럼 사소한 일도 좋습니다. 무엇이 됐든 성취감을 느껴보세요. 자기 전에 오늘 달성한 일을 적어보는 것도 좋은 방법입니다.

이렇게 달성한 일에 주목하면 조금씩 자신감이 붙으며 자신을 사랑하게 됩니다. 그러면 다른 사람에게 무슨 말을 들어도 신경 쓰지 않고 상처받지도 않을 것입니다. 자신에게 상처를 줄 수 있는 건 오직 자신뿐! 상황에 대한 해석은 스스로 선택할 수 있습니다.

신뢰는 배신의 가능성을
감내하는 용기에서 피어난다

제 인생은 아들러 심리학을 실천하기 전과 후로 나뉜다고 해도 과언이 아닙니다. 그만큼 아들러 심리학을 실천하고 나서 많은 고민이 사라졌지요. 특히 인간관계로 고민하는 일은 거의 없어졌습니다.

제 꿈을 말하면 "그건 무리야"라며 의욕을 꺾는 사람도 있었고, 모르는 사이인데도 SNS에서 비방하는 사람도 나타났지만 말입니다. 그러니 지금 인간관계로 힘들다면 아들러 심리학을 실천해보세요.

아들러 심리학은 '용기 부여'라는 기법을 중요하게 여깁니다. 이때 용기란 '어려움을 극복하고 나아가는 힘'을 말합니다.

저도 "너라면 할 수 있어!"라고 용기를 북돋아주는 동료들 덕분에 한층 더 성장할 수 있었습니다. 용기 부여의 힘을 경험한 셈이지요.

용기 부여에서는 조건 없는 존중과 신뢰를 중요하게 생각합니다. 그래서 응원을 받고 싶다면 내가 먼저 응원해야 합니다. 상대가 나에게 상냥하게 대하길 바란다면, 내가 먼저 상대에게 친절해야 하지요.

직장에서 저에게 실수를 덮어씌웠던 사람과 좋은 관계로 바뀔 수 있었던 것도 제가 먼저 그에게 호의적으로 대했기 때문입니다. 만약 제가 계속 그를 적대적으로 대했다면, 아마 관계는 나빠졌을 것입니다.

아들러는 이렇게 말했습니다.

"신용하는 것이 아니라 신뢰해야 한다. 신뢰란 근거도, 담보도 없이 상대방을 믿는 것, 배신당할 수 있어도 상대를 믿는 것이다."

신용이란 조건부로 상대방을 믿는 것을 말합니다. 대표적으로 은행이 돈을 빌려주는 것이 신용에 해당합니다. 과거의

용기 부여

> **아들러의 말**
>
> 신용하는 것이 아니라 신뢰해야 한다. 신뢰란 근거도, 담보도 없이 상대방을 믿는 것, 배신당할 수 있어도 상대를 믿는 것이다. (대인관계론)

자신을 높이는 말: 긍정적인 표현으로 스스로에게 용기를 북돋는다.

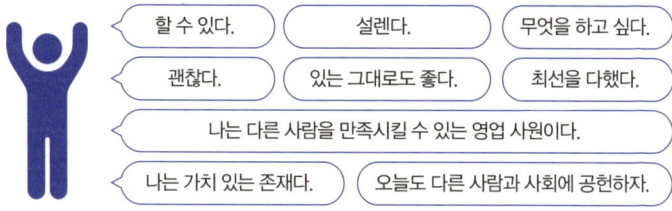

- 할 수 있다.
- 설렌다.
- 무엇을 하고 싶다.
- 괜찮다.
- 있는 그대로도 좋다.
- 최선을 다했다.
- 나는 다른 사람을 만족시킬 수 있는 영업 사원이다.
- 나는 가치 있는 존재다.
- 오늘도 다른 사람과 사회에 공헌하자.

저는 미팅하러 갈 때 "나는 다른 사람을 만족시킬 수 있는 영업 사원이다", "분명 거래처에 도움을 줄 것이다"라며, 이른바 '자기 긍정(Affirmations)'을 자주 되뇝니다.

상대를 높이는 말: 긍정적인 말로 상대를 응원한다.

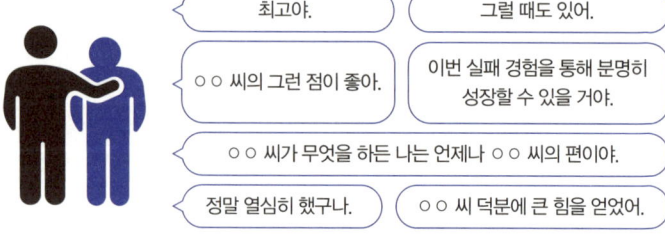

- 최고야.
- 그럴 때도 있어.
- ○○ 씨의 그런 점이 좋아.
- 이번 실패 경험을 통해 분명히 성장할 수 있을 거야.
- ○○ 씨가 무엇을 하든 나는 언제나 ○○ 씨의 편이야.
- 정말 열심히 했구나.
- ○○ 씨 덕분에 큰 힘을 얻었어.

예전에 우울해하는 친구에게 "네가 무엇을 하든 난 네 편이야!"라고 말해준 적이 있습니다. 그때는 아들러 심리학을 알기 전이었지만, 자연스럽게 용기를 주었던 것이지요(나중에 그 친구는 저에게 "네 말에 위로를 많이 받았어"라고 말해줬습니다).

실적이나 무언가를 담보로 한 조건부 믿음이니까요.

　인간관계로 바꾸어 말하자면 '이걸 해주니까', '전에 성공했으니까' 등의 이유로 믿는 것이 신용입니다. 그런데 이는 전제 조건이 없어지면 믿음도 사라지므로, 아들러가 강조한 신뢰와 다릅니다.

　저는 신뢰할 만한 사람이어야 서로 용기를 줄 수 있다고 생각합니다. 아무 조건 없이 서로를 존중하고 응원할 수 있는 사람이니까요.

팔로워 수는
신뢰의 증거가 아니다

　SNS는 이제 일상에 깊숙이 자리 잡았습니다. 일상 공유와 정보 검색은 물론, 새로운 인맥도 SNS에서 만들지요. SNS 활동을 열심히 하며 팔로워 수를 늘리는 데 집중하는 사람도 많습니다. 그러나 과거의 실적이나 경력만 보고 자신을 팔로우한 사람(신용)과는 관계가 오래 지속되기 어렵습니다. 무언가에 실패했을 때 곧바로 외면할 수도 있지요. 서로에게 진정한 용기를 주는 관계란 존재 자체에 가치를 느끼고 응원하는 사이(신뢰)입니다.

신뢰 관계인지 판단하기 위해 '기능 가치'와 '존재 가치'라는 개념을 알아두면 좋습니다.

먼저, 기능 가치란 그 사람의 능력으로 가치를 판단하는 것을 말합니다. 즉, 능력이 없는 사람에게는 가치를 느낄 수 없다는 뜻이기에 신용에 해당합니다.

반면에 존재 가치란 그 사람의 존재 자체에 가치를 두는 것을 말합니다. 이것이 아들러가 말한 '신뢰'이지요. 상대방의 좋은 점과 나쁜 점을 모두 알면서도 믿는 것, 설령 상대방이 실패하거나 자신에게 실수를 해도 믿는 것을 말합니다.

신뢰의 대상은 어디서 만났든 상관없습니다. 실제로 저는 SNS에서 알게 됐지만 신뢰하는 동료가 있습니다.

신용과 신뢰의 차이는 매우 큽니다. 앞에서 "응원을 받고 싶으면 내가 먼저 응원해야 한다"라고 말했지요. 그러나 신용을 바탕으로(상대방의 실적이나 능력만을 존중한) 응원한다면, 상대방 역시 나의 능력밖에 보지 않을 것입니다. 반면에 상대의 존재 자체에 가치를 느끼고 진심으로 응원한다면, 그 마음이 통하여 상대도 아무 조건 없이 나를 응원해줄 것입니다.

아프리카에는 "빨리 가고 싶다면 혼자 가고, 멀리 가고 싶다면 함께 가라"라는 유명한 속담이 있습니다. 만약 크게 성장하고 싶다면 함께 멀리 갈 동료를 찾아보세요.

이렇듯 저는 인생의 목적에 맞는 사람을 만나고 사용하는 말을 바꾸었더니 삶이 달라졌습니다. 실제로 이 무렵부터 저는 '회사 월급 이외의 소득을 만든다'라는 목적도 달성하기 시작했지요.

다음 장에서는 그 변화에 관해 이야기하겠습니다.

여섯째 달까지의 변화

- 긍정적인 사람하고만 사귀게 되었다.
- 싫어하는 사람과의 관계도 개선되었다.
- 진심으로 서로 응원하는 동료가 많아졌다.

'가로의 관계'로 용기를 부여하라

많은 부모가 아이에게 "너는 훌륭해"처럼 아이를 주어로 말합니다. 그러나 이러한 칭찬은 수직적이고 지배적인 관계를 만듭니다. 따라서 부모는 자신을 주어로 하는 'I 메시지'로 말하는 것이 좋습니다. 아이에게 자신의 감정을 전하는 것이지요.

육아할 땐, 칭찬과 꾸짖음에 주의해야 합니다. 아이가 해내는 과정을 지켜보는 것이 중요하지요. 지켜보는 과정을 어렵게 생각할 필요 없습니다. 그저 진심으로 응원하며, 어떤 결과가 나오든 인정해주면 됩니다.

어떤 결과가 나올지는 운에 따라 달라지기도 합니다. 만약 실패했다면 다음에 다시 열심히 하면 됩니다. 다음에 다시 도전할 때 필요한 힘이 바로 '용기'이지요.

후배를 가르칠 때도 마찬가지입니다. 후배에게 섣불리 칭찬하거나 꾸짖으면 안 되지요. 후배가 하는 업무의 목적은 무엇인지, 후배를 위해 무엇을 도와줄 수 있는지를 생각해야 합니다. 그리고 회사의 목적은 무엇이고, 후배에게 어떤 기대를 하고 있는지 알려줘야 합니다.

이때도 'I 메시지'가 중요합니다. "당신은 무엇을 해야 한다"라고 말하기보다 "나(회사)는 당신이 무엇을 하기를 기대한다"라고 전하는 편이 좋지요. 이때 후배에게 부담을 주면 안 됩니다. 기대한다고 전하는 것은 괜찮지만, 그 기대에 부응할지 어떨지는 후배의 과제니까요.

용기를 부여하는 데 필요한 것은 바로 '가로의 관계'입니다. 칭찬과 꾸짖음으로 '세로의 관계'를 맺지 않도록 조심하세요.

5장

세상은 선택한 만큼만
내 것이 된다

일곱째 달부터 아홉째 달까지,
'삶'이라는 그릇에 무엇을 담을 것인가

× × ×

**중요한 것은 무엇을 가지고 태어났느냐가 아니라
주어진 것을 어떻게 잘 다루느냐이다.**

× × ×

위대함을 꿈꾸는 자보다
자신을 믿는 자가 더 강하다

> **일곱째 달부터 아홉째 달까지의 상황**
> - 부수입이 아직 목표(회사 월급의 실수령액 정도)에 도달하지 않았다.
> - 회사를 계속 다니면 꿈을 이룰 수 없을 것 같았다.
> - 인생의 목적에 맞는 환경이 무엇인지 충분히 이해하지 못했다.

하고 싶은 일을 하고, 인간관계가 좋아지니 점점 다른 일들도 잘 풀리기 시작했습니다. 마침내 회사 월급 이외의 수입도 월 10만 엔을 넘었지요.

게다가 직장인이라면 절대 이룰 수 없다고 생각했던 '언제든 원하는 장소에서 일한다'라는 저의 꿈이 조금씩 이루어지기 시작했습니다.

이번 장에서는 그 경험에 대해 이야기하겠습니다.

용기를 내면
마침내 꿈에 가까워진다

저는 코칭을 시작하고 부수입이 조금씩 생기면서 자신감도 높아졌습니다. 물론 새로운 일에 도전해서 돈을 벌었다는 사실도 뿌듯했습니다. 하지만 그보다 제 가치를 인정받았다는 생각에 자신감이 생겼지요. 저를 선택해준 클라이언트가 있다는 말은 곧, 저라는 존재에게 가치를 느끼는 사람이 있다는 말과 같습니다. 제 가치를 인정받자, 회사에서 시키는 일만 하며 살아도 괜찮을지 고민하던 때에는 느끼지 못했던 자신감이 샘솟았지요.

삶의 만족도도 매우 높아졌습니다. 그러자 다른 사람을 도와주고 싶다는 마음이 더 강해졌지요. 그래서 시작한 것이 전자책 출판이었습니다.

사실 독서를 꾸준히 했던 저는 언젠가 책을 내고 싶었습니다. 하지만 학식이 깊고 매력적인 작가들이 많다 보니 출판사의 문을 두드려도 책을 내기 쉽지 않았습니다. 그래도 저는 포기하지 않았고, 다행히 저에게 딱 맞는 서비스를 찾았습니다. 바로 아마존의 킨들 출판이었습니다. 이 서비스를 이용하면 출판사를 통하지 않고도 책을 낼 수 있지요. 그래서 킨들에서 책을 출간해본 친구에게 방법을 배워 책을 쓰기로 했습니다.

반드시 대단한 사람이
될 필요는 없다

제 글을 누군가 읽는다고 생각하니 전자책을 준비하는 시간이 매우 행복했습니다. 물론 쉽지는 않았습니다. 매일 아침 일찍 일어나 출근하기 전에 글을 쓰고, 틈틈이 책을 읽고 글쓰기 기술도 배웠지요.

저는 코칭에 관한 책을 쓰고 싶었습니다. 하지만 이미 많은 경험과 전문 소양을 쌓아온 전문가가 쓴 코칭 서적이 넘쳐났지요. 그래서 저는 공감할 수 있는 책을 쓰기로 마음먹었습니다. 그렇게 탄생한 책이 초보 코치를 대상으로 한《세상에서 가장 쉬운 코칭 교과서》입니다.

저는 이 책에서 '무조건 전문가를 목표로 하지 않아도 괜찮다', '지금 자신이 가진 것을 어떻게 잘 다룰지 고민하라'는 내용을 다루었습니다. 아들러 심리학을 통해 얻은 깨달음을 소개했지요.

그다음 책을 쓸 때는 '오직 나만 쓸 수 있는 이야기는 무엇일까?'를 깊이 고민했습니다. 독자들에게 전할 수 있는 저만의 이야기를 찾고 싶었지요. 그렇게《아들러 심리학을 실생활에 도입해보았다》라는 책을 냈습니다. 저명한 저자가 쓴 아들러 심리학 이론서는 이미 많아서 제 경험담에 집중했지요. 그리고

이 책은 많은 독자에게 사랑을 받았습니다.

사실 이 책을 내기 전의 전자책 수익은 모두 합쳐 월 5천 엔이면 잘 나오는 편이었습니다. 하지만 이 책을 내자마자 수입이 월 1만 엔을 넘어섰습니다. 그때 '누구나 언제든 바뀔 수 있고, 꿈을 이룰 수 있다'는 사실을 피부로 느꼈습니다. 아들러 심리학의 핵심이기도 하지요.

대단한 사람이 되려고 하지 않아도 괜찮습니다. 누군가를 동경해도 좋습니다. 하지만 꼭 기억하세요. 자신만 가능한 일이 있습니다.

누구에게나 가치가 존재합니다. 그것을 찾아 잘 가꾸어 다른 사람에게 조금씩 나누어주면, 인생은 달라집니다. 제가 전자책 출간을 통해 '있는 그대로의 나'의 가치를 찾았듯 말이지요.

무엇보다 가장 큰 변화는 회사에서 하는 일을 좋아하게 되었다는 점입니다.

저는 언제든 원하는 장소에서 일하고 싶었습니다. 일하는 장소와 시간이 고정적인 직장인이 이루긴 어려운 꿈이었지요. 그래서 코칭을 배워 독립하고 싶었습니다.

다행히 코칭으로 돈을 벌기 시작했지만, 여전히 독립하기에는 한참 부족했습니다. 그래서 아들러 심리학의 '전체론'을 코칭에 도입했습니다.

전체론은 '사람은 나누어질 수 없는 전체로서, 목적을 달성하기 위해 노력한다'라는 개념입니다. 다시 말해 사람의 사고, 감정, 행동은 서로 모순되지 않으며, 하나의 목적을 향한다는 뜻이지요.

당시 저는 '코치로 독립하고 싶지만, 아직 수입이 만족스럽지 않으니 어렵다'라고 생각했습니다. 제 꿈과 현실의 차이를 강하게 느꼈지요. 그러나 전체론의 시각으로 보면, 독립하지 않은 상황은 제가 원하는 결과였습니다. 제 생각, 감정, 행동은 서로 모순되지 않으니까요.

물론 만족스러운 수입 수준은 상대적이므로 각자 다를 것입니다. 하지만 '독립하고 싶지만 할 수 없다'는 제 생각은 아들러의 말을 빌리자면 거짓말입니다. 독립하고 싶지만 할 수 없는 것이 아니라, 실은 '독립하고 싶지 않다'라고 생각하는 것이지요.

그때부터 저는 '난 사실 독립하고 싶지 않은 걸까?', '언제든 원하는 장소에서 일하는 삶을 바라지 않나?' 곰곰이 생각했습니다. 그리고 마침내 '나는 직장인으로서도 일하고 싶다'라는 답에 도달했습니다.

이 답을 찾기 전까지 저는 직장인의 근무 방식이 제 이상향과 거리가 멀다고만 생각했습니다. 하지만 이번에는 생각의 방향을 바꿔 '애초에 왜 회사를 계속 다니고 있는가'라는 목적을 찾아봤습니다. 그러자 '팀원들과 함께 협력하며 일하는 것이 좋다', '회사의 동료들이 좋다'라는 마음이 느껴졌습니다.

만약 정말 회사를 그만두고 싶었다면 당장이라도 퇴사했을 것입니다. 사직서만 제출하면 되니까요.

하지만 저는 회사라는 조직에서 영업팀으로 일하며 보람을 느끼고, 때론 좋아하는 동료들과 기쁨을 나누는 것이 행복했습니다. 이 행복을 놓치기 싫었지요. 이 사실을 깨달은 뒤로 저는 완전히 달라졌습니다.

회사에서 일하는 시간은 하루에 8시간씩 평일 5일, 즉 일주일에 40시간입니다. 이토록 많은 시간을 마지못해 보낸다면 삶이 너무나 괴롭겠지요.

물론 장소와 시간에 제약이 있어서 가끔 답답합니다. 그럴 때면 '회사원으로서 지금 하고 싶은 일은 무엇인가'를 고민하고, 팀으로 일하는 즐거움을 떠올립니다. 그러면 하루하루를 충실하게 보낼 수 있지요.

이때부터 회사 업무와 코칭이 시너지 효과를 내기 시작했습니다. 코칭 덕분에 후배를 대할 때도 "○○ 씨는 어떻게 하고 싶어요?"라며 후배의 주체성을 존중하게 되었지요. 마지못해 일할 땐 얻지 못했던 결과입니다.

미래를 담보로
과거에 붙잡히지 마라

통제할 수 없는 일을 마음대로 하려는 것은 내리는 비를 멈추게 만들려는 것과 같습니다. 하늘에서 내리는 비를 막을 순 없습니다. 비가 오면 그저 우산을 쓰면 됩니다.

만약 통제할 수 없는 상황에 놓이면, 상황을 바꾸려 하지 말고 자신이 할 수 있는 일을 찾아야 합니다. 과거의 경험도 마찬가지입니다. 과거에 얽매여 앞으로 나아가지 못하는 것은 무의미합니다. 더 나은 내일을 위해 지금 할 수 있는 일을 찾아야 하지요.

그래서 저는 직장인의 안 좋은 측면만 보던 과거의 마음을 지웠습니다. 미래를 위해 나은 선택을 할 수 있게끔 마음가짐을 바꿨지요. 그러자 안정적인 월급, 만족스러운 복리후생, 훌륭한 동료들 등 여러 좋은 점이 눈에 들어왔습니다.

신기했던 것은 이때부터입니다. 회사 일을 즐기게 된 후로 코칭 일이 늘어났습니다. 지인들에게 새로운 클라이언트를 소개받거나, 전자책을 출간하려고 하는 사람에게 "부디 제 원고를 봐주세요!"라며 요청이 오기도 했습니다.

예전에 존경하는 선배가 제게 이런 말을 했습니다.

"일하기 싫어서 그만두는 것은 어쩔 수 없지만, 그러면 다음 직장에서도 잘할 수 없어. 이전 직장에서 마지못해 일하던 사람과 함께 일하고 싶을 리 없고, 당연히 그런 사람을 믿고 일을 맡길 수도 없을 거야."

어쩌면 제가 억지로 직장을 다니면서 코칭을 할 땐, 클라이언트에게 어두워 보였을지도 모릅니다. 인상을 쓰고 있거나, 우울한 분위기를 풍겼을 수도 있지요(만약 그렇게 보였다면 사과하고 싶습니다).

하지만 회사 일을 즐기게 된 후로 저는 완전히 변했습니다. "얼굴이 좋아졌네"라는 말을 종종 듣기도 했지요. 실제로 몇 년 전의 사진과 지금의 모습을 비교해보면 차이가 확연하게 느껴집니다.

혹시 지금 억지로 일하고 있나요? 돈도 없고, 연애도 잘 풀리지 않나요? 과거의 실패 경험에 얽매여 지금의 행복을 누리지 못하고 있나요? 그렇다면 '지금도 충분히 행복하다'라는 사실을 깨달아야 합니다. 사소한 것도 괜찮으니 기쁨을 느낄 만한 일들을 찾아보세요.

여러 번 말하지만, 세상은 해석하기 나름입니다. 모든 것은 자신의 인지일 뿐이지요.

저는 예전에 직장인의 삶이 싫다고 생각했지만, 만족스러운 점을 찾았더니 회사 일이 좋아졌습니다. 사건이 바뀐 것이 아니라, 저의 인지가 달라진 것뿐이지요. 만족하는 사람 주위에는 만족하는 사람들이 모여듭니다. 그래서 코칭 일도 많이 들어온 것이라고 확신합니다.

물론 언제든 원하는 장소에서 일하고 싶다는 저의 꿈은 바뀌지 않았습니다. 다만, 직장을 다니면서 제가 원할 때 유급휴가를 사용하거나 재택근무를 하면서 어느 정도 실현하게 되었습니다. 잊지 마세요. 무슨 일이든 생각하기 나름입니다.

몸과 마음은
삶을 지탱하는 두 다리다

이 무렵에는 몸과 마음의 건강도 상당히 좋아졌습니다. 이 역시 전체론의 영향이 컸습니다. '마음과 몸은 연결되어 있다'라는 사실을 깨달은 후로, 몸이 안 좋을 때는 마음의 상태를 돌아봤습니다. 그 반대일 때도 마찬가지입니다. 몸과 마음이 상호 작용하며 삶을 지탱하고 있으니까요.

저는 취미로 핫 요가를 합니다. 몸과 마음을 모두 건강하게 돌볼 수 있는 좋은 운동이지요. 생각보다 자세가 마음에 미치는 영향은 큽니다. 컴컴한 방에서 이불을 뒤집어쓰고 무릎을 끌어안은 채 긍정적으로 생각하기는 어렵습니다. 그래서 저는 핫 요가를 하고 올바른 자세를 취하며 몸과 마음의 건강을 챙겼습니다.

또한 저는 식사량을 줄이는 데도 신경 썼습니다. 과도한 칼로리 섭취는 건강을 망친다고 믿기 때문입니다. 그래서 세 끼 가운데 한 끼는 적게 먹기 시작했습니다. 대신 두 끼를 든든하고 건강하게 챙겨 먹기 위해 노력하고 있습니다. 또 되도록 첨가물이 적은 음식을 먹고 있습니다. 내 몸을 소중히 여기는 것만큼 쉽게 자신을 사랑할 수 있는 일은 없지요.

가치 있는 소비로
삶에 의미를 더하다

더불어 돈을 대하는 제 태도를 돌아볼 기회가 생겼습니다. 처음 출간한 전자책의 판매량이 늘면서, 회사 월급과 비슷한 수준의 수입을 얻게 된 것입니다.

그러자 돈을 버는 것뿐만 아니라, 돈을 쓰는 것에 관한 인식도 바뀌었습니다. 솔직히 말해 그전까지는 '소비'를 '돈이 없어지는 행위'라고 부정적으로 생각했습니다. 그러나 이것 역시 단순한 저의 인지일 뿐이었지요. 아들러의 말을 빌리자면 "그런 색안경을 쓰고 있던 것"일 뿐입니다.

저는 '내가 돈을 쓰면 상대방이 행복해진다'라고 생각을 바꿔봤습니다. 돈을 쓰면 상대의 물건이나 서비스에 가치를 느낀 마음을 전할 수 있는 데다가, 상대방의 자산도 늘어납니다. 그렇게 생각하니 돈을 쓰는 것이 즐거워졌습니다.

물론, 그렇다고 쓸데없이 낭비하지는 않습니다. '정말 내가 원하는 것인가?', '이 서비스를 제공해준 사람에게 고마움을 표현하고 싶은가?'를 항상 고민하지요. 그래서 요즘에는 다소 비싸더라도 더 잘되기를 바라는 음식점에 방문하기도 하고, 응원하는 밴드의 기념품도 기쁜 마음으로 삽니다. 반면에 무심코 편의점에 들러 쓸데없는 물건을 사거나, 충동적으로 쇼핑하는 일은 이제 하지 않습니다.

행복한 마음으로 돈을 쓰게 되니 돈이 좋아졌습니다. 돈을 더 많이 벌어 다른 사람을 행복하게 만들고 싶다는 생각도 들었지요. 가치 있는 소비로 삶에 의미를 더할 수 있으니까요. 그래서 지금은 그 어느 때보다 열심히 일하고 있습니다.

집은 행복을 위해 가꿔야 할 삶의 무대다

'사람은 나누어질 수 없는 전체로서, 목적을 달성하기 위해 노력한다'라는 전체론은 생활 환경을 가꿀 때도 통합니다.

먼저 집 안에서 보내는 생활의 목적을 생각해볼까요? 저는 집에서 두 가지를 이루고 싶습니다. 첫째, 아내와 단란한 시간 보내기. 둘째, 책과 영화를 보면서 마음의 영양분을 보충하고, 글쓰기.

이를 위해 아내와 함께 마음에 드는 식탁과 편안한 소파를 사서 아늑하게 꾸몄습니다. 집도 새로 지어 이사하고, 서재도 마련했지요. 글이 잘 써질 것 같은 스탠딩 데스크도 새로 장만했습니다.

그리고 작은 소지품에도 신경 썼습니다. 기분 좋게 글을 쓰기 위해 노트와 펜도 마음에 쏙 드는 제품을 샀지요.

비록 꽤 많은 돈이 들었지만, 더 나은 삶을 위해 필요한 소비였기에 후회하지 않습니다. 실제로 이전에는 카페에 가서 책을 읽고 글을 썼지만, 집의 환경을 바꾸니 더 이상 카페에 갈 필요가 없었습니다. 일상의 만족도가 더 높아졌지요.

또 저는 아침에 항상 산책을 합니다. 그래서 집을 선택할 때 푸르른 공원이 근처에 있는지 봅니다. 매일 아침에 공원을 산책하며 머리를 맑게 만들고, 때론 공원을 거닐며 생각을 정리하기도 합니다.

사람마다 원하는 주거 조건이 다릅니다. 누군가는 근처에 사우나가 있는 곳을 원하고, 다른 누군가는 역과 가까운 곳을 선호하지요.

어떤 조건이든 주거 환경은 인생의 만족도와 직결되는 만큼, 되도록 마음에 드는 곳을 찾는 편이 좋습니다. 만족스러운 주거 환경은 삶을 더 행복하게 만들고, 집에서 하는 일의 생산성도 높여주니까요.

삶은 취미로
깊어진다

의외로 큰 변화가 생긴 부분은 '취미'였습니다.

저는 한때 취미를 시간 낭비라고 생각했습니다. 특히 만화책 같은 건 발전하는 데 아무런 도움도 주지 않는다고 믿었지요. 시간을 생산적으로 써야 한다는 생각이 깊이 박혀 있었기 때문입니다.

하지만 아들러 심리학을 실천하며 환경을 바꾸기 시작할 무렵, 이러한 인식이 바뀌었습니다. 취미는 마음을 풍요롭게 만들어주는 중요한 활동이라는 사실을 깨달았지요. 아무리 가벼운 취미라고 하더라도 말입니다.

그 이후, 만화책은 물론 처음으로 소설도 읽기 시작했습니다. 그저 재미있어 보이면 읽었지요. 그 안에도 배울 점이 많더군요(독서인이라면 당연한 소리 아니냐고 반문할 수도 있겠지만요……). 저는 책을 읽으며 인생의 교훈과 글을 쓰는 데 필요한 자양분을 얻었습니다. 이렇게 취미는 제 인생에서 중요한 존재가 되었지요.

모든 것은 인식하기 나름입니다. 취미를 쓸데없는 일이 아닌 인생을 채우는 요소로 받아들인다면 인생은 더욱더 풍요로워지지요.

이처럼 저는 아들러 심리학의 전체론을 바탕으로 모든 환경을 가꿨습니다. 일, 건강, 돈, 생활 환경, 취미, 무엇 하나라도 놓치면 꿈꾸는 인생과 멀어지기 쉽습니다.

아홉째 달까지의 변화

- 회사 업무도 좋아하게 되었다.
- 부수입이 월급과 비슷한 수준으로 올랐다.
- 마음과 몸이 더욱 건강해졌다.
- 돈을 내는 데 가치를 느끼게 되었다.
- 생활 환경을 개선해 삶의 만족도가 높아졌다.
- 취미의 가치를 깨닫고, 성장의 발판으로 삼게 되었다.

인생의 만족도를 결정하는
8가지 요소

인생의 만족도를 파악하는 가장 간단한 방법은 '인생 차트 작성하기'입니다.

인생에 큰 영향을 미치는 요소에는 8가지가 있습니다. 일, 건강, 돈, 생활 환경, 취미, 가족, 인간관계, 자기 성장이지요. 인생 차트는 각 요소에 대해 현재 느끼는 만족도를 표시하고, 어떤 부분을 개선해야 하는지 파악하게 도와주는 도구입니다.

저도 인생 차트를 작성해 인간관계를 개선해야 한다는 사실을 알았습니다. 그래서 4장에서 이야기한 대로 실천하였지요. 다행히 가족 관계는 이미 만족스러웠기에 특별히 개선할 사항이 없었습니다.

인생 차트의 작성 방법은 다음과 같습니다.

1. 각 요소의 현재 만족도를 10점 만점을 기준으로 매겨보세요. 덧붙여 그 이유도 적어봅시다.

2. 각 요소의 10점은 어떤 상태인지 적어보세요.

3. 10점에 가까워지기 위해 할 수 있는 일을 생각해보세요. (처음에는 1점을 올리기 위한 일도 좋습니다.)

4. 앞에서 작성한 것을 실천해보세요.

인생 차트는 코칭에서도 자주 추천하는 방법입니다. 인생의 만족도를 파악하는 데 아주 효과적이기 때문입니다.

5장에서 제가 실천한 방법들도 인생 차트를 활용한 것입니다. 인생 차트를 통해 인생의 만족도가 1점이라도 올라가기를 바랍니다.

다음 페이지에서 인생 차트를 작성해보세요.

환경을 재검토하다

— 아들러의 말 —
사람은 나누어질 수 없는 전체로서, 목적을 달성하기 위해 노력한다.

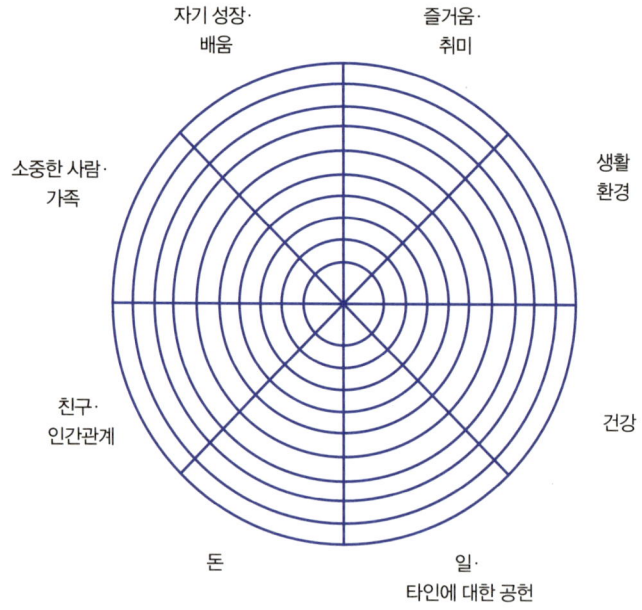

각 요소의 10점은 어떤 상태인가요?

_____
_____
_____
_____
_____
_____

10점에 가까워지기 위해 무엇을 할 수 있을까요?

_____
_____
_____
_____
_____
_____

6장

삶은 말보다
행동의 힘으로 바꾼다

열째 달부터 열두째 달까지,
행복에 필요한 자격은 없다

× × ×

어두운 것이 아니라 조용한 것이다.
느린 것이 아니라 꼼꼼한 것이다.
실패만 하는 게 아니라 끊임없이 도전하는 것이다.

× × ×

진정한 행복은
이제 시작일 뿐

> **열째 달부터 열두째 달까지의 상황**
> - 더 행복해지려면 어떻게 해야 할지 몰랐다.
> - 다른 사람과의 관계를 더욱 돈독하게 만들 확실한 방법을 알고 싶었다.
> - 공동체 의식을 얻고 싶었다.

아들러 심리학을 실천하고 제 인식이 확 바뀌면서 인생의 모든 부분이 좋아졌습니다. 그래서 저는 더 나아가 '진정한 행복이란 무엇일까?'에 관해 고민하기 시작했습니다. 살면서 처음으로 해보는 고민이었습니다.

'수입이 많아졌으니 더 행복한가?', '인간관계가 돈독해질수록 더 행복한가?', '생활 환경과 건강이 좋아진 것만으로도 충분한가?' 등의 고민이 꼬리에 꼬리를 물고 이어졌지요. 그렇게 행복에 관해 생각할 때 저의 마음을 울린 아들러의 말이 있습니다.

"자신뿐만 아니라 동료의 이익을 소중히 여기는 것. 받는 것보다 상대에게 더 많이 주는 것. 그것이 행복해지는 유일한 길이다."

저는 행복해지기 위해 '나'만 생각할 것이 아니라, '다른 사람'을 생각해야 한다는 사실을 놓치고 있었습니다.

이번에는 아들러 심리학에서 타인에 대한 공헌을 어떻게 바라보는지, 그리고 저는 어떤 경험을 했는지 소개하겠습니다.

'함께'의 가치를 잊지 마라

아들러는 공동체 의식을 매우 중요하게 생각했습니다. '인류가 지향해야 할 최종 목표'라고 표현할 정도였지요. 공동체 의식이란 '나는 내가 소속된 집단의 일부이며, 그 안에서 살아간다'라는 인식을 말합니다. '자신이 속한 집단을 위해 공헌하려는 마음'도 포함되지요.

그렇다면 아들러가 공동체 의식을 최종 목표라고 말한 이유는 무엇일까요? 바로, 인간은 평생 다른 사람과 관계를 맺고 살아가기 때문입니다.

과제의 분리를 할 때 '나는 나, 타인은 타인'이라고 말했지만, 이는 다른 사람에 대한 배려는 뒤로한 채 자기중심적인 태도를 가지라는 의미가 아닙니다. 다른 사람에 대한 기대나 집착을 버리라는 뜻이지요.

아들러는 다른 사람에게 공헌해야 비로소 행복해질 수 있다고 봤습니다.

예를 들어, 식당에서 밥을 다 먹은 후 그릇을 가지런히 정리해둔다거나, 길을 헤매는 사람에게 먼저 말을 거는 것처럼 아주 사소한 행동도 공헌에 속합니다.

한때 '이런 행동이 정말로 다른 사람에게 도움을 줄까?'라며 고민하기도 했습니다. 특히 도와줬지만 감사 인사를 못 받으면 괜스레 속상했지요. 하지만 아들러의 말에서 그 해답을 찾았습니다.

"자신이 다른 사람에게 도움을 줬다는 사실을 실감하는 데 상대방의 감사나 칭찬은 필요하지 않다. 공헌감은 '자기만족'으로도 충분하다."

"당신을 위해 타인이 존재하는 것이 아니다. '무엇을 해주지 않는다'라는 고민은 자기만 생각한다는 확실한 증거다."

그 누구도 아닌
나에게 집중해야 하는 이유

공헌감은 자기만족으로도 충분하다니, 아들러의 말을 듣고 큰 충격에 빠졌습니다.

과제의 분리를 해보면, 제 행동에 상대방이 고마워할지 말지는 상대의 과제입니다. 제가 통제할 수 없지요. 중요한 것은 상대방의 감사 인사가 아니라, 상대방을 생각하고 행동했다는 '자기만족'입니다.

저는 이 사실을 깨달은 후부터 상대방의 반응과 상관없이, 베풀고 싶은 친절을 모두 행해야겠다고 마음먹었습니다. 그러자 공헌의 의미가 점점 와닿았습니다.

다시 공동체 의식으로 돌아가볼까요? 1장에서 공동체 의식에는 4가지 요소가 있다고 말했습니다. 4가지 요소는 다음과 같습니다.

- **자기 수용**: 있는 그대로의 자신을 받아들이는 태도
- **타인 신뢰**: 주위 사람들을 동료로 인식하고 받아들이는 태도
- **타인 공헌**: 자신을 채우면서 자연스럽게 동료를 도와주고 싶은 마음이 생기는 것
- **소속감**: '이 집단에 속해서 좋다'라는 감각

이 요소들이 모두 충족되면 공동체 의식을 얻을 수 있습니다. 그렇다면 저는 4가지 요소를 모두 충족시켰을까요?

제가 지금 속한 공동체 가운데 가장 먼저 떠오르는 곳은 역시 회사입니다. 회사 일이 좋아지기는 했지만, 정말 '이 공동체(회사)에서 공헌하고 있다'라고 느끼는지 생각해봤습니다.

자기 수용

자기 수용은 있는 그대로의 자신을 받아들이는 태도를 말합니다.

저는 영업 사원이지만, 대화 기술이 부족한 편입니다. 한때는 '영업이 적성에 맞지 않나?'라고 고민도 했지요. 비록 저는 대화를 이끄는 데에는 서툴러도 경청을 잘합니다.

사람마다 모두 특징이 다릅니다. 어떤 특징을 다른 사람과 비교하며 우월감을 느꼈더라도, 더 뛰어난 사람을 만나면 그 우월감은 바로 꺾이고 맙니다. 저도 서툰 대화 기술로 고민할 당시에는 다른 영업 사원들과 비교하며 우울해했습니다. 제 단점이라고 생각했기 때문입니다.

하지만 단점을 다르게 보면 장점이 되기도 합니다. 단점은 '부족한 점'이 아니라 '나의 또 다른 특징'일 뿐입니다. 단점이라고 생각하는 것에서 장점을 찾을 줄 알아야 하지요.

"어두운 것이 아니라 조용한 것이다. 느린 것이 아니라 꼼꼼한 것이다. 실패만 하는 게 아니라 끊임없이 도전하는 것이다."

아들러는 이렇게 말했습니다.

물건을 자주 깜빡하는 사람은 물건에 많이 집착하지 않는 사람일 수도 있고, 쉽게 발끈하는 사람은 자기 자신을 지키기 위해 열정적으로 움직이는 사람일지도 모릅니다.

단점이라고 생각하는 행동의 목적을 생각해보면 그 의미가 보일 것입니다. 그러니 자신의 특징과 마주하고 자신을 있는 그대로 받아들이세요.

타인 신뢰

다음으로 타인 신뢰입니다. 타인 신뢰는 아무런 조건 없이 다른 사람을 동료라고 믿는 태도를 말합니다.

이때 중요한 것은 '신용'이 아니라 '신뢰'라는 점입니다. 신용이란 어떠한 담보나 근거를 바탕으로 믿는 것을 말합니다. 가령 '나를 도와주었으니 믿는다' 같은 태도를 가리키지요.

물론 주변 사람 모두를 조건 없이 믿기란 상당히 어렵습니다. 저 역시 회사 사람 모두를 신뢰한다고 선뜻 말할 순 없지요. 그러나 알고 지내는 동료들은 모두 신뢰합니다.

저는 '무엇을 하느냐'보다 '누가 하느냐'를 더 중요하게 여깁니다. '저 사람은 별로야'라는 필터가 생기면, 상대가 아무리 좋은 일을 하더라도 좋게 보이지 않기 때문입니다.

타인을 신뢰하기 위해서는 '상대방을 좋아하는가, 좋아하지 않는가? 상대방이 어떤 사람인지 이해할 수 있는가?'가 매우 중요합니다. 상대방을 좋아하면 신뢰는 쉽게 생깁니다.

저는 회사의 모든 사람을 알지는 못합니다. 하지만 제가 속한 지점의 사람들과는 사적으로 만나기도 하고, 평소에도 자주 소통하기 때문에 신뢰하지요. 제가 곤경에 처하면 그들이 도와줄 것이라고 믿습니다. 그리고 저 또한 그들을 언제든지 도와줄 것이지요. 이처럼 상대를 신뢰하면 '상대를 위해 무언가 하고 싶다'라는 마음이 자연스레 생깁니다.

혹시 주변에 신뢰할 만한 사람이 없나요? 그렇다면 조금이라도 마음이 맞는 사람, 혹은 가까이 지내도 괜찮겠다고 느껴지는 사람과 사적으로 만나보세요. 그 사람 본연의 모습을 이해하면 신뢰하게 될 것입니다.

요즘에는 대부분 쉬는 날에 회사 사람을 만나는 것을 꺼립니다. 회사와 사생활을 철저히 구분하고 싶다는 이유 때문이지요. 그러나 저는 그렇게 생각하지 않습니다.

사람은 감정의 동물입니다. 그렇다 보니 업무에 사적인 감정이 영향을 미치기도 합니다. 싫어하는 사람에게는 업무적으로도 더 엄격하게 대하게 되고, 말을 거는 횟수도 줄어들게 됩니다.

물론 이런 태도가 옳다는 말은 아닙니다. 다만, 함께 일하는 동료들을 좋아하지 않으면 신뢰할 수 없고, 좋은 성과도 낼 수 없지요.

저는 제 동료들을 매우 좋아하고 신뢰합니다. 그래서 더 즐겁게 일하며 좋은 성과를 낼 수 있지요.

타인 공헌

다음은 조직에 공헌하는 감각인 타인 공헌입니다.

저는 중견 사원이 된 후에야 비로소 타인 공헌을 실감했습니다. 중요한 거래처를 맡으니 회사에 조금이나마 공헌한다는 느낌이 들었지요.

하지만 신입 사원일 때는 그렇게 생각하지 못했습니다. 사실 신입 사원들은 그들만의 유연한 사고방식으로 조직에 새로운 바람을 일으키거나 좋은 영향을 미치는 등 회사에 공헌하는 데 말입니다.

누구든 제 역할이 있기 마련입니다. 만약 '난 아무런 도움도 못 주는 것 같아'라고 느낀다면, 자신이 어떤 영향을 주고 있는지 객관적으로 생각해보기 바랍니다.

저는 예전에 후배 교육을 제 역할이라고 생각했습니다. 그래서 코칭을 활용해 후배가 의견을 말하기 쉬운 분위기를 만들고 경청하곤 했습니다. 후배에게 조언하거나 충고하기보다 그의 솔직한 의견을 듣기 위해 노력했지요.

진심으로 노력하니 보람도 느껴졌습니다. 회사도 저의 노력을 알아보고 관리자 역할을 맡겨 주었지요. 그때도 역시 타인 공헌을 실감했습니다.

소속감

마지막으로 소속감은 어느 집단에 속해 있다는 감각을 말합니다. 저는 회사에서 소속감은 물론 공동체 의식도 얻었습니다.

아들러는 "공동체 의식을 가지면 자신을 분리된 개인이 아닌 전체의 일부로 생각하게 되고, 이는 좋은 인간관계를 구축할 원동력이 된다"라고 믿었습니다.

실제로 저는 아들러 심리학을 실천하고 난 뒤, 회사 일이나 인간관계로 고민하는 일이 많이 사라졌습니다. 아들러 심리학을 실천하며 공동체 의식을 얻은 덕분입니다.

또한 앞에서 설명했듯이 회사 이외의 공동체에 속하는 것도 중요합니다. '이 회사는 나와 안 맞는다'라고 느낄 때 다른 공동체에서 힘을 얻을 수 있기 때문이지요.

'대상'이 아니라
'사람'에 주목하라

그렇다면 공동체 의식을 얻을 수 있는 조직인지 어떻게 판단할까요? 답은 간단합니다. 조직 구성원을 좋아하면 공동체 의식을 얻을 수 있습니다.

가령 같은 취미를 가진 사람들의 모임을 생각해봅시다. 아마도 취미가 같으니 대화도 잘 통할 것입니다. 하지만 그 이유로 공동체 의식이 생기진 않습니다. 중요한 것은 '대상'인 취미가 아닌, 모임에 속한 '사람' 자체이지요.

다시 말해, 같은 취미를 가져서 대화가 잘 통한다고 해도 모임원을 좋아하지 않으면 그 모임에서 공동체 의식을 얻기 힘듭니다. 좋아하지 않는 사람에게 공헌하고 싶진 않으니까요.

그러나 안타깝게도 실제로 조직에 들어가보지 않는 한, 그 구성원들을 좋아할 수 있는지 알 수 없습니다. 일단 직접 겪어봐야 하지요. 만약 모임에서 위화감이 든다면 나오는 게 좋고, 마음이 편안하다면 계속 지내면 됩니다.

취미 모임뿐만 아니라, 직장 동료, 동업자, 가족이나 연인도 훌륭한 공동체입니다.

지금 속한 곳에서 공동체 의식을 얻을 수 있나요? 자기 수용, 타인 신뢰, 타인 공헌, 소속감이 느껴지나요?

비록 가족처럼 가까운 사이라고 하더라도, 자신의 존재 가치를 부정한다면 그들과 거리를 둬도 괜찮습니다. 그 대신 있는 그대로의 나를 존중해주는 공동체를 찾아보세요.

나아가 아들러는 지구, 우주처럼 광범위한 단위에서도 공동체 의식을 주장했습니다. 공동체 의식이 최종 목표인 만큼, 얻기 힘들더라도 끝까지 포기하지 않기를 바랍니다.

아들러 심리학을 실천한 지 1년.

저는 자존감과 삶의 만족도도 높아지고, 공동체 의식도 얻게 되어 이제 '세상을 위해 무엇을 할 수 있을까?'를 고민하고 있습니다.

우선 아주 사소한 일이지만 '음식을 남기지 않는다', '여행을 자주 다니며 지역 경제 활성화에 기여한다', '모든 생명을 소중히 여긴다', '자원봉사나 기부를 한다' 등을 실천하기 위해 노력하고 있지요.

사람은 누구나 자신이 세상에 필요한 존재라고 느낄 때 깊은 만족을 경험합니다. 그러면 자연스럽게 다른 사람을 돕고 싶어지지요. 사업에 성공한 사람이 재단을 만들거나 기부 활동에 나서는 것도 이 때문입니다.

사람은 기본적으로 타인을 도와주고 싶다는 마음을 가지고 있습니다. 혹여나 지금 그런 마음이 들지 않아도 괜찮습니다.

그런 자신을 싫어할 필요도 전혀 없습니다.

먼저 자기 자신을 이해하고, 자신의 진심을 마주하세요. 이것이 굉장히 중요합니다. 자신이 무엇을 원하는지 파악해 채우면, 자연스럽게 다른 사람에게 마음이 향합니다. 다른 사람을 돕는 것은 그때 해도 괜찮습니다.

만약 자신을 돌보지 않은 채 타인을 도우면 역효과가 납니다. 예를 들어, 자기 일도 벅찬데 선배의 부탁을 들어줬다고 해봅시다. 오로지 다른 사람을 도와주고 싶다는 마음에 말입니다. 그러면 선배에게는 도움이 될지 몰라도 자신은 지치고 맙니다. 자기 일을 충분히 처리했고 마음도 여유로울 때, 다른 사람을 도와줘야 하지요.

공동체 의식은 살아 있음을 느끼게 해줍니다. 상대에게 의지할 수 있고 관계에 안정감이 느껴진다면 공동체 의식을 얻은 것입니다.

"사람은 의지할 곳이 없다고 느끼면, 정신 질환을 앓거나 술에 빠지기도 한다. 따라서 다른 사람에게 공헌함으로써 자신의 안식처를 확보해야 한다."

아들러는 이렇게 말했습니다.

꼭 기억하세요. 우선은 자기 자신을 채우고 다른 사람에게 공헌하면 공동체 의식을 얻을 수 있습니다.

저도 세상에 공헌하기 위해 사소한 일부터 하나씩 행하며 꾸준히 발전하는 중입니다. 앞으로도 제 곁의 사람들과 공동체를 위해 할 수 있는 일을 해나가고 싶습니다. 이러한 노력이 행복으로 이어진다고 믿으니까요.

누구에게나
행복을 선택할 힘이 있다

예전에 저는 하고 싶은 일이 없었습니다. 아니, 뭘 하고 싶은지 몰랐지요. 그런 저에게 꿈같은 변화가 일어났습니다.

아들러 심리학을 몰랐다면 아마 저는 여전히 다른 사람의 시선을 신경 쓰며 지냈을 것입니다. 제가 진정으로 원하는 삶이 무엇인지도 깨닫지 못했겠지요. 그럭저럭 하루하루를 보내고, 그때그때 욕구를 충족시키며 살았을 것입니다. 그런 삶의 방식을 나쁘다고 보진 않지만, 역시 인생에는 목적이 있어야 더욱 즐겁습니다.

저는 인생에서 지금이 가장 즐겁다고 확신합니다. 게다가 인생을 즐기는 마음이 매년 새로워지고 있지요.

물론 때론 괴롭고 힘든 일도 생기지만, 이 역시 제 선택의 결과이니 즐기며 극복하려고 노력 중입니다. 아들러가 말한 자기 결정성을 기억하면서요.

    부디 여러분도 아들러 심리학을 실천해 진정으로 꿈꾸던 인생을 살기를 바랍니다.

열두째 달까지의 변화

- 일도, 인간관계도 원하는 대로 풀렸다.
- 마음 편한 곳에서만 지내게 되었다.
- '음식을 남기지 않는다', '여행을 자주 다니며 지역 경제 활성화에 기여한다', '모든 생명을 소중히 여긴다', '자원봉사나 기부를 한다' 등을 실천하게 되었다.

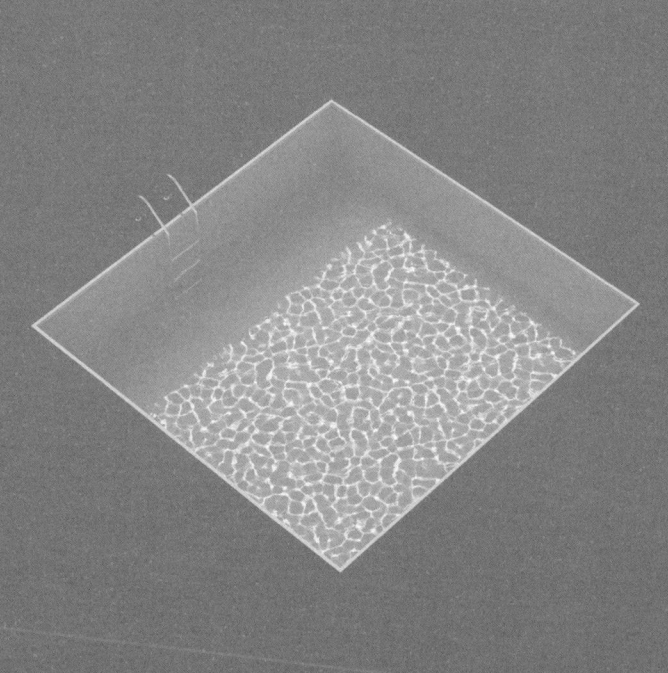

✕ ✕ ✕

오직 행동의 힘을 믿어라.
삶은 말보다 행동의 힘으로 변화된다.

✕ ✕ ✕

| 맺으며 |

인생의 방향키를 남에게 주지 마라

'배운 것은 써먹어야 비로소 내 것이 된다.'

제가 연간 백 권의 책을 읽고 깨달은 사실입니다. 아들러 심리학도 실천해야 비로소 내 것이 됩니다. 이론을 열심히 읽기만 해봤자 큰 의미가 없지요.

내 인생의 방향키는 내가 쥐고 있습니다. 그러니 부디 아들러 심리학을 실천해 꿈꾸던 인생을 만나면 좋겠습니다.

실제로 저는 아들러 심리학을 실천하고 나서 많이 바뀌었습니다.

아무런 목표 없이 살아가던 제가 삶의 목표를 찾고, 타인의 시선에 휘둘리던 삶에서 벗어나 저 자신을 존중하는 법을 배웠습니다.

저는 더 이상 누군가의 기대에 맞추려고 애쓰지 않습니다. 또한 실패를 두려워하지 않고, 선택의 책임도 기꺼이 감당하려 합니다. 그렇게 삶의 무게중심을 제 안으로 가져왔습니다.

물론 하루아침에 인생이 바뀌진 않습니다. 하지만 아들러의 가르침을 마음에 품고, 하나씩 실천해보세요. 그 작은 실천들이 쌓이면 분명 어제와는 다른 내일을 만나게 될 것입니다.

저는 언젠가 종이책을 꼭 출간하고 싶었습니다. 그래서 서점에 제 책이 진열되는 미래를 꿈꾸면서 전자책 출간에 도전했지요.

그리고 마침내 아들러 심리학을 실천한 뒤, 그 간절한 꿈을 이루었습니다. 제 인생의 주도권을 잡고 원하는 방향으로 걸어 나간 덕분이었지요.

그 과정을 함께해준 고마운 분들이 많습니다.

제일 먼저 늘 저를 믿고, 곁에서 응원해준 아내에게 고마운 마음을 전합니다. 지금은 멀리 떨어져 살지만, 저를 아낌없이 사랑해주는 가족들에게도 감사하다고 말하고 싶습니다.

그리고 저에게 선뜻 출간을 제안해준 야마토 출판의 구즈하라 씨에게도 진심으로 감사합니다. 직장을 다니면서 글을 쓰느라 속도가 더딘데도, 항상 저를 격려하며 기다려줬습니다. 또 항상 큰 응원과 지지를 보내주는 동료 작가분들에게도 감사합니다.

무엇보다 이 책을 읽은 독자분들께 감사의 말씀을 드립니다. 여러분 덕분에 제 꿈을 이뤘습니다.

이제 당신의 차례입니다. 지금 바로 아들러 심리학을 실천해보세요. 스스로 인생의 방향키를 쥐게 될 것입니다. 제가 그랬듯이, 당신도 밝게 빛나는 삶을 마주하길 바랍니다.

✕ ✕ ✕

인간의 영혼은 자신을 보다 높은 곳으로 이끌고,
이를 완벽하게 만들 능력을 갖추고 있다.

✕ ✕ ✕

| 참고 도서 |

지난 1년 동안 제가 읽은 책 가운데 일부를 소개합니다.

- 《고민이 사라지는 용기의 심리학(悩みが消える「勇気」の心理学)》, 나가토 가오루 지음, 디스커버트웬티원, 2018
- 《그림으로 이해하는 코칭 스킬(図解コーチングスキル)》, 스즈키 요시유키 지음, 디스커버트웬티원, 2005
- 《놓치고 싶지 않은 나의 꿈 나의 인생 1》, 나폴레온 힐 지음, 권혁철 옮김, 국일미디어, 2025
- 《데일리 필로소피》, 라이언 홀리데이/스티븐 핸슬먼 공저, 장원철 옮김, 다산초당, 2021
- 《라이프코칭: 자신을 강하게 키우는 습관(ライフコーチング―自分を強く育てる習慣)》, 하야시 타다유키 지음, 펍랩, 2018
- 《미움받을 용기》, 기시미 이치로/고가 후미타케 공저, 전경아 옮김, 김정운 감수, 인플루엔셜, 2022
- 《반응하지 않는 연습》, 구사나기 류슌 지음, 류두진 옮김, 위즈덤하우스, 2016

- 《분명 어떻게든 될 거야!(絶対、なんとかなる!)》, 사이토 히토리 지음, 마키노출판, 2019
- 《삶의 과학》, 알프레드 아들러 지음, 정명진 옮김, 부글북스, 2014
- 《세네카의 인생 수업》, 루키우스 안나이우스 세네카 지음, 정영훈 엮음, 정윤희 옮김, 메이트북스, 2024
- 《세상에서 오직 하나뿐인 나를 행복하게 만드는 방법(世界でたった一人の自分を幸せにする方法)》, 하야시 타다유키 지음, 경제계, 2012
- 《스무 살에 만난 유대인 대부호의 가르침》, 혼다 켄 지음, 송소정 옮김, 알파미디어, 2024
- 《아들러 심리학: 인생을 바꾸는 사고 스위치 전환 방법(アドラー心理学人生を変える思考スイッチの切り替え方)》, 야마키 슈 지음, 오츠샤, 2015
- 《인생에 근사함이 찾아오는 마법의 단어(人生に素敵が舞い込む魔法の言葉)》, 고코로야 진노스케 지음, 세븐앤아이출판, 2018
- 《인생에 지지 않을 용기》, 알프레드 아들러 지음, 오구라 히로시 해설, 박미정 옮김, 와이즈베리, 2014
- 《직장인을 위한 아들러 심리학(働く人のためのアドラー心理学)》, 이와이 도시노리 지음, 아사히신문출판, 2016
- 《코액티브 코칭》, 헨리 킴지하우스/카렌 킴지하우스/필립 샌

달/로라 휘트워스 공저, 김영순/임광수 공역, 김영사, 2016
- 《코칭의 기본(新版コーチングの基本)》, 코치 에이 지음, 스즈키 요시유키 감수, 일본실업출판사, 2009
- 《화를 다스리기 시작하자(アンガーマネジメントを始めよう)》, 안도 슌스케 지음, 야마토쇼보, 2021
- 《회사 생활이 힘드냐고 아들러가 물었다》, 오구라 히로시 지음, 박수현 옮김, 지니의서재, 2024

옮긴이 오정화

서강대학교에서 경제학과 일본문화학을 전공했다. 졸업 후 외식기업 기획자로 근무하다가 일본어의 즐거움을 포기할 수 없어 번역가 및 출판 기획의 길에 들어섰다. 많은 사람에게 읽는 재미를 전할 수 있는 책을 우리말로 옮기고 소개하는 것이 꿈이자 목표다. 현재 출판번역에이전시 글로하나에서 다양한 분야의 일서를 번역, 검토하며 활발히 활동하고 있다. 역서로 《유리 멘탈이지만 절대 깨지지 않아》《질문으로 시작하는 철학 입문》《세상에서 가장 쓸모 있는 철학 강의》《미국주식 투자 입문서》《맛있는 세계사》《억만장자의 엄청난 습관》《게으른 뇌에 행동 스위치를 켜라》《사자 츠나구》 등이 있다.

지금처럼 살아도 괜찮을까?

1판 1쇄 인쇄 2025년 7월 16일
1판 1쇄 발행 2025년 7월 23일

지은이 고이즈미 겐이치
발행인 김태웅
책임편집 박지혜
표지 디자인 섬세한 곰
마케팅 총괄 김철영
온라인 마케팅 박예빈
제작 현대순
관리 김훈희, 이국희, 김승훈, 최국호

기획편집 이미순, 이슬기
본문 디자인 호우인
마케팅 서재욱, 오승수
인터넷 관리 김상규
총무 윤선미, 안서현

발행처 ㈜동양북스
등록 제2014-000055호
주소 서울시 마포구 동교로22길 14(04030)
구입 문의 (02)337-1737 **팩스** (02)334-6624
내용 문의 (02)337-1763 **이메일** dymg98@naver.com

ISBN 979-11-7210-926-4 03180

ⓒ 2024, 고이즈미 겐이치 All rights reserved.

- 이 책은 저작권법에 의해 보호받는 저작물이므로 무단 전재와 무단 복제를 금합니다.
- 잘못된 책은 구입처에서 교환해드립니다.